Dora Ferle-Skopp

Über die Honigbrücke

Dora Ferle-Skopp

Über die Honigbrücke

Kindheit und Jugend
in Königsberg

Herbig

Bildnachweis
Vorderer Vorsatz: Vater Georg Skopp, Königsberg, Winter 1942 – Mutter Gertrud Skopp mit den Kindern Gerhard und Dora an einem See in Ortelsburg, Ostpreußen, 1930 – Dora Skopp mit Bruder Gerhard, Königsberg, Winter 1942 – Großvater Otto Skopp, Artur, Anni, Gertrud Skopp, Lotte Jeruschewski, die Kinder Gerhard und Dora Skopp, Botho und Lothar Jeruschewski, Neuhäuser, Ostpreußen, 1938 – Dora Skopp, Prussia-Bad, Königsberg, 1941 – Mutter Gertrud Skopp, Königsberg, 1942 – Horst Ferle und Dora Skopp, Juditten, Königsberg, 1941 – Gesekusplatz Nr. 6 (später Fritz-Tschierse-Platz) mit ausgebrannter Schloßfassade
Hinterer Vorsatz: Ausschnitt aus einem Stadtplan von Königsberg, 1931

Umschlaggestaltung: A. Bachmann, Reischach
unter Verwendung eines Gemäldes
(Blick auf den Pregel und das Königsberger Schloß)
von Erich Gindler
Satz: Fotosatz-Service Weihrauch, Würzburg
Gesetzt aus: 9,5 auf 12 Punkt Walbaum Standard, System Berthold
Druck und Binden: Wiener Verlag, Himberg
Printed in Austria
ISBN 3-7766-1770-5

Inhalt

Haus Nr. 6: Gesekusplatz – Fritz-Tschierse-Platz – Leninprospekt 9
Borchertstraße 10
Ortelsburg 13
Gesekusplatz Nr. 6 18
Der Paradeplatz 23
Geburt 26
Simon-Dach-Schule 28
Mutter- und Vatertag 35
Das Hafenviertel 37
Die Wahl 39
Mein Pappi und der Schupo 39
Kleine und große Sammlerfreuden 42
Onkel Paulus 45
Prügelstrafe 46
Die Altstädtische Kirche 49
Hier können Familien Kaffee kochen 51
Capsella-Bursa-Pastoris 52
Der Sonntag gehört der Familie 55
Luisenwahl 56
Drachensteigen 57
Warum aus einem Geburtstagsgeschenk eine Weihnachtsüberraschung wurde 60
»Nun ruhen alle Wälder« 62
Weihnachten 64
Onkel Walter 69

Mein erstes »Hofkonzert« 72
Die Fahne 73
Königsberger Originale 74
Der 1. Mai 76
Straßenbilder 78
Wochenmarkt in Königsberg 83
Schulferien 86
Ferien in Friedland 88
Der Traumtänzer und die wilde Hummel »Peter« 93
»Auf der Mauer, auf der Lauer
sitzt 'ne kleine Wanz« 98
»Zu den Möwen an die See« 100
Die Aufnahmeprüfung 102
»Die Reichskristallnacht« 103
Eine wohlbehütete Tochter 105
Der letzte Umzug 106
Krieg 115
Winter 117
Der alte Kleiderschrank 121
Der Pregel und seine Brücken I 124
Der Pregel und seine Brücken II 127
Von Plämperkaffee, Kuckelchen, Klunkersuppchen
und dem dreidammligen Wischkodder 129
»Wem's Kofferche?« 132
»Wir winden dir den Jungfernkranz« 135
Jantar – Tränen aus Stein 136
Treibgut 137
Das Schloß 142
Die Honigbrücke 147

Die ersten russischen Bomben auf Königsberg 149
Der Student 152
Alpträume 153
»Mit uns zieht die neue Zeit . . .« 155
Meine Schulentlassung am 27.3.1943 157
Arbeitsdienst in Serock 161
Meine kleine Dorfschule 178
Die Familienbande brechen auseinander 185
Die Todesnachricht 187
Bomben auf Königsberg 189
Dem Untergang unaufhaltsam entgegen 193
Fluchtversuch aus Königsberg 199
Der Abschied 202

Haus Nr. 6

Gesekusplatz - Fritz-Tschierse-Platz - Leninprospekt

Immer noch bevölkern die alten Rattengeschlechter des Pregolas wie seit Jahrzehnten schon die Kanalisationsröhren, Kabelschächte und Rinnen, das bergige Nordufer des Flusses.

Über ihren Höhlen und Gängen rauscht der Verkehr, gehen Menschen, laufen Katzen und Hunde, spielen Kinder, knallen Soldatenstiefel.

Häuser wurden gebaut - zertrümmert - zerbombt - verbrannt.

Keller wurden ausgeschachtet - verschüttet.

Straßen wurden gepflastert - zerstört.

Namen wurden geboren: Gesekusplatz - verworfen; Fritz-Tschierse-Platz - vergessen; Leninprospekt - was kommt danach?

Ein ewiger Wandel von Menschen und Sprachen. Das alte Königsberg ist gestorben und begraben.

Kein Phönix erhob sich aus den Trümmern des Krieges. Gesichtsloser Beton, der historische, sakrale Bauten, Häuser, Schlösser, Kirchen, Denkmäler und Brücken verdrängte.

Nur die Domruine steht einsam, mitten im grünen Rasen der Kneiphofinsel, umarmt vom immerfort fließenden Pregel.

Neben dieser Ruine zeugt allein der Sarkophag von Immanuel Kant von dem einst hohen Geist dieser Stadt, seiner Philosophen, Dichter, Wissenschaftler und Künstler, die hier lebten, arbeiteten, forschten, lachten und weinten.

IMMANUEL KANT
1724 - 1804
»Zwei Dinge erfüllen
das Gemüt mit immer neuer

und zunehmender Bewunderung
und Ehrfurcht, je öfter
und anhaltender sich das Nach-
denken damit beschäftigt:
Der bestirnte Himmel über mir
und das moralische
Gesetz in mir.«

Dieser Satz aus der »Kritik der praktischen Vernunft« von Immanuel Kant stand auf der Gedenktafel am Schloßberg zu Königsberg.

Borchertstraße 10

Sonntag ist's, so recht zum Ausruhen und Familie genießen. Gerhard, eineinhalb Jahre alt, spielt nach seinem Morgenbreichen friedlich im Laufstall. Vom schlanken, reich gegliederten Haberberger Kirchturm schlägt es zehn Uhr. Aber irgend etwas stimmt heute nicht. Wo bleibt Vaters zärtliche Hand auf Mutters Bauch, die meinen Herzschlag spüren will, wo das sanfte Streicheln, wenn ich ein Beinchen richtig fest gegen meine Gehäusewand gestemmt habe? Um mich herum zuckt und drückt es, ich höre auch ungewohnt lautes Klappern und Scheppern. Eine fremde, energische Frauenstimme zerfetzt die Morgenstille, dann erkenne ich Tante Lottes schnelles Reden. Vater spricht anders als gewohnt, und statt Mutters fröhlicher Lachwellen quetscht mich immer mehr die Bauchwand zusammen, so daß ich mich ganz fest an mein Turnseil klammere und es um mich rumschlinge. Ich wehre mich und boxe nach allen Seiten, aber statt des beruhigenden Gesanges meiner Mutter höre ich sie angstvoll und laut schreien. Das war noch niemals geschehen. Jetzt er-

tönt auch Gerhards Stimme aus weiter Ferne, weinerlich: Autsch, au . . . au . . . oder war es Mutter?
Mir wird so eng um die Brust, es würgt mich am Hals, Stunde um Stunde. Dann höre ich nur noch die fremde böse Stimme sagen: »Herr Skopp, legen Sie sich quer über den Bauch Ihrer Frau, und fest nach unten drücken, drükken, weiter . . . mehr . . .« Ich höre nichts mehr, der Schmerz war unerträglich geworden, ich konnte nicht mehr atmen. Aus!
Plötzlich klatschten harte Schläge auf mich herab, ich fror, meine Füße wurden noch in der Luft fest umklammert, mein Kopf baumelte haltlos in die Tiefe, und immer wieder klopften grobe Hände auf meinen Rücken und Popo. Es mußte eine ungeheuer lange Zeit vergangen sein, als ich zuerst ganz leise, dann immer lauter die bekannten Mittagsglocken der Kirche hörte.
Das Schlagen auf meinen Körper ließ nicht nach. Da schrie ich meinen Schmerz hinaus, brüllte in die neue Welt, die mich so unfreundlich empfing. Sofort veränderte sich meine Umgebung, Menschen lachten froh, Mutter fragte noch weinerlich erregt: »Lebt es jetzt doch? Wirklich? Hat sie die Nabelschnur um den Hals nicht ganz erwürgt? Georg, Georg, wir haben ein Töchterchen, ein Sonntagskind, am Glückstag der magischen 13!«
Auch mir ging's plötzlich gut, ich kam in eine warme, weiche Flüssigkeit, danach in kuschelige Stoffe, zarte Finger streichelten meine Wangen, ich lag geborgen bei meiner Mutter. Nur Gerhard krähte unaufhörlich die aufgeschnappten Autsch, Oh, Oh, Au, Au in den Sonnensonntag hinein.
Das war die Geburt von Dora Gertrud Skopp am Sonntag, dem 13. Juni 1926, in Königsberg (Pr.), Borchertstraße 10.

Was ist geblieben von meiner Erinnerung an die Borchertstraße 10? – Nichts. –

Vater und Mutter haben nur wenig aus den eineinhalb Jahren, die ich mit ihnen dort wohnte, erzählt. Vater, der von dem Königlichen Schullehrer-Seminar Waldau im ersten Weltkrieg am 26. September 1915 zum Militär eingezogen wurde, kam nach schwerer Verwundung und französischer Kriegsgefangenschaft erst 1920 wieder in sein Elternhaus, Theaterplatz 3/5, zurück. Mein Großvater wollte die Lehrerausbildung nicht mehr weiterbezahlen, Vater sollte Kürschner werden und das Pelz- und Hutgeschäft der Schwester seines Vaters, der 60jährigen Tante Hulda, in Friedland übernehmen.
Die Nachkriegszeit war hart, Hunger, Inflation, Arbeitslosigkeit. Vater machte vom 1.4.1920 bis 1.1.1923 beim Kürschnermeister Friedrich Lorenz in Königsberg seine Kürschnerlehre und arbeitete in einem Pelzgeschäft als Geselle. Am 27.10.1923 heiratete er die Krankenschwester Gertrude Luise Roerich und zog als Untermieter in zwei Zimmer der Wohnung von Frau Oktun, die zu uns Kindern wie eine echte Oma war.
Gerhard, der verwöhnte Erstgeborene, bewunderte seine Schwester rückhaltlos, wenn sie in einem von Mutter unbewachten Augenblick auf den gedeckten Eßzimmertisch kletterte und mit Messern und Gabeln spielte. Ging Mutter mal schnell Milch holen und stellte uns beide in den Laufstall, so begann das Hätscheljungchen beim Zuklappen der Wohnungstür unbändig zu schreien. Ich sah ihn vollkommen verständnislos an.
Tante Hulda hatte es sich nun doch anders überlegt, noch wollte sie das Geschäft nicht übergeben, der Neffe könne ruhig warten.
Konnte das der Vater? Nein, zwei Kinder, eine zu enge Wohnung. Das ging nicht so weiter. Eine Geschäftsübernahme in Ortelsburg wurde ihm angeboten. Er schlug zu. Und bald saßen wir in dem herrlichen Städtchen am kleinen und großen Haussee.

Ortelsburg

Als ich morgens erwachte, wartete ich auf den vertrauten Glockenklang. Stille. Dann: Kikiriki, Kikiriki. Was war das? In welchem Bett lag ich? Das Fenster hatte ganz andere Gardinen. Jetzt bellte laut ein Hund. Das war noch nie da! Neugierig schlüpfte ich aus den Federn und sah durch die Scheiben auf einen großen Hof und eine dickliche Frau mit Kopftuch und Schürze, die aus einer Schüssel lauter Körner zwischen braune und weiße Hühner streute. Genau wie in meinem Bilderbuch, stand ein prächtiger bunter Hahn mit gewaltigen Schwanzfedern und dicken, knallroten Fleischlappen am Kopf und unter dem Schnabel auf dem Misthaufen und krähte – krähte. Träumte ich? Auf einem Wiesenstück schnatterten die Bilderbuchgänse, und ein schwarzer Hund sprang an der gemütlich aussehenden Frau immer wieder hoch.
Mutter kam ins Zimmer: »Na, schon wach, ihr beiden? Da staunt ihr? Jetzt wohnen wir erstmal hier auf einem schönen Bauernhof, und Pappi hat nur 300 Meter weiter einen großen Laden mit Oberhemden, Mützen, Krawatten, Socken, Hüten und Taschentüchern aufgemacht. Wenn ihr Frühstück gegessen habt, gehen wir ihn besuchen.«
Da waren wir nun. Den Umzug, die abendliche Zugfahrt, hatten wir gar nicht richtig mitbekommen. Gerhard wurde zur Schule angemeldet und bekam eine Riesenschultüte, die größer als ich war, und einen nagelneuen Tornister mit breiter Verschlußklappe. In ihm klapperte der Federkasten an die Schiefertafel; dann waren darin das Lesebuch mit wunderbaren farbigen Bildern und ein nüchternes Rechenbuch. Wie war ich neidisch! Wenn ich bloß erst in die Schule käme! Aber das hatte eineinhalb Jahre Zeit.
Schön war es auf dem Lande zu wohnen. Der schwarze Hund »Karo« wurde mein bester Freund. Wir spielten und

tollten in Hof und Garten, auch auf der Pferdewiese gleich hinter der Scheune. Gerhard liebte den großen alten Bernhardiner, der sich an den heißen Sommertagen unter der Gartenlaube eine sandige, schattige Kuhle gegraben hatte.
Nur die Gänse waren meine Feinde. Wenn sie auf dem Hof waren oder wir ihnen auf der Pferdewiese begegneten, raste ich davon, so schnell ich konnte, denn einmal hatte mich der Ganter erwischt, fürchterlich angezischt, zuerst an meinem Röckchen gezupft und danach in meine Waden gebissen. Das hatte geschmerzt! Und erst der Truthahn! Wie er sich aufplusterte, mit den Flügeln schlug, auf mich zurannte und mit dem Schnabel hackte. Der wollte wohl seinen Truthennen imponieren? Ich bedrohte ihn fortan immer mit dem Stock, wenn ich an ihm vorbeigehen mußte.
Herrlich war's, wenn der Himmel sich mitten im Sommertag verdunkelte, seine Schleusen öffnete und Regen runterschüttete. Wir standen nur kurze Zeit unter einem Dachvorsprung im Trockenen, und schon schien wieder die Sonne. Barfuß wateten wir im Regenwasser des Rinnsteins, rührten in großen Pfützen »Klakamusa« (Brei aus Schlammerde) an und beschmierten damit unsere Beine. Es sah aus, als hätten wir schwarze Kniestrümpfe an.
Oft schauten wir den Seilern zu, die am Ufer des kleinen Haussees an einer mit Haken versehenen Mauer auf dem trockenen Sandplatz davor ihr Handwerk ausübten. Es entstanden Wäscheleinen, Pferdegeschirrseile, dicke Taue und Kälberstricke.
Am Marktplatz befand sich Vaters großes Geschäft, in dessen anschließende Wohnung wir bald übersiedelten. Vater fuhr jetzt öfter nach Königsberg und holte Heimarbeitsaufträge, um seinem Ziel, ein Pelzgeschäft dort eröffnen zu können, schneller näher zu kommen. Ein Pelzwaren-Lager anzulegen kostete ein ungeheures Vermögen.

Unserem Laden gegenüber waren die Schaufenster des Uhrmachers. Es tickte, läutete und gongte den ganzen Tag. Wie hielt das der grauhaarige alte Mann aus? Ich freundete mich bald mit seiner Enkeltochter an und durfte zum Spielen in das märchenhafte Haus. Jede halbe und volle Stunde riefen mehrere Kuckucks, und in einer hohen schwarzen Standuhr tickte langsam das reich verzierte Messingpendel und löste dunkle Glockenschläge aus. Ob sich in so einer Uhr das kleinste der »Sieben Geißlein« versteckt hatte? Trotz dieser vielen Uhren vergaß ich die Mittagszeit, auch die Kaffeezeit, bis meine total aufgelöste Mutter, die nach mir im ganzen Ort gesucht hatte, mich endlich fand.
An schönen Sommerabenden traf sich der Ortelsburger Männergesangverein, dem mein Vater angehörte, auf dem Marktplatz und trug mehrstimmige Volkslieder – »In einem kühlen Grunde«, »Wem Gott will rechte Gunst erweisen«, »Am Brunnen vor dem Tore« – vor. Nach und nach versammelten sich die Einwohner und lauschten nach des Tages Arbeit den schönen Liedern. Zwischendurch plachanderten die Nachbarinnen über kleine Stadtneuigkeiten und die Männer über ihre Geschäfte, die Milchpreise oder die Viehzucht. Mit »Abendstille, überall . . .« verabschiedeten sich die Sänger, und jeder strebte seinem Hause zu.
Bei unseren Bauersleuten hatten wir ein Stückchen Gemüseland zum Beackern bekommen. Das war für uns Kinder eine ganz neue Welt. Selbst säen zu können, die Beete zu begießen, zu sehen, wie kleine Stengel und Blättchen plötzlich aus der schwarzen Erde hervorbrechen, sich zu Karotten, Erbsen, Bohnen oder Radieschen entwickeln. Ein Wunderacker! So gut wie das eigene, hatte noch nie Gemüse geschmeckt.
Der Bauernhof war unser zweites Zuhause geblieben. Dort durften wir zu Ostern auch bunte Eier im Garten su-

chen. Als wir am ersten Feiertag das Ehepaar nach altem ostpreußischen Brauch »Schmackostern« gingen, stürzte eine junge schlesische Landgehilfin, die mit ihrem Mann in unserer ehemaligen Wohnung lebte, mit einem Eimer voll kaltem Wasser auf uns zu und schüttete es mit Schwung über uns aus. Wir waren so überrascht und erschreckt, daß wir entsetzlich schrien. Die Bäuerin sah die Bescherung, die ein Osterbrauch der Schlesier war. »Aber doch nicht auf die kleinen Kinder!« schalt sie. Mein schönes Osterkleid und Gerhards Anzug! Mutter war nicht begeistert, als sie uns nassen Pudelmützen die Türe öffnete.
Im Sommer badeten wir oft im kleinen Haussee. Am Zuflußrohr eines Bächleins gab es viele Blutegel, und wer zu lange auf einer Stelle stillstand, hatte zwei oder drei Biester an den Beinen. Pfiffige Jungen hatten sicherheitshalber Salz in der Hosentasche. Wenn die Egel damit bestreut wurden, ließen sie, ohne sich vollzusaugen, los.
Nach heißen Tagen brachen abends schwere Gewitter los. Mutter stand sofort auf, weckte uns, zog uns an, packte einen Notkoffer mit den Wertsachen und rauchte vor Angst und Aufregung ein Zigarettchen. Es blitzte und donnerte ganz in der Nähe. Dann krachte es sehr laut, und wir hörten das wilde Pferdegetrappel der ausrückenden Feuerwehr. Zwei Vierspänner rasten polternd über das Kopfsteinpflaster, der Wasserwagen und der Spritzenwagen. Durch die Fenster sahen wir am anderen Seeufer den roten Feuerschein. Der Blitz hatte in ein Haus eingeschlagen. – Meist war bei einem Blitzschlag nicht viel zu retten. Bis der Spritzenwagen den Schlauch in den See ausgerollt oder am nächsten Hydranten angeschlossen hatte, konnte der dünne Wasserstrahl der Handpumpen nicht mehr viel löschen. Hauptsache, die Leute kriegten noch das Vieh aus den Ställen, das sich brüllend und wiehernd immer wieder zurück in die Brandstätte drängte.
Zur Herbstzeit gab es unten auf dem Sandplatz am See den

großen Viehmarkt. Dort verkauften die Bauern das aufgezogene Jungvieh, die Fohlen des letzten Sommers, Milchkühe, Schlachtvieh, junge Bullen, alte Ackergäule, trächtige Stuten und Reitpferde. Schafe blökten, Ziegen meckerten. Den ganzen Tag wurde gefeilscht und gehandelt. Die Bauern saßen auf den Strohsäcken ihrer Leiterwagen, die Tiere waren mit Stricken an die Sprossen gebunden. Die Pfeifen qualmten, aus einem Paudelchen wurden die Trinkflasche mit Kaffee und eine Buddel Schnaps genommen, die dicken Brotknullen mit Butter oder Speckscheiben ausgewickelt, mit dem Taschenmesser in kleine Stücke geschnitten und in den oft zahnlosen Mund geschoben. Hier und da spuckten sie den Saft ihres Priems auf den Boden. Ein gut abgeschlossener Verkauf entschied oft über das Überleben des nächsten Winters. War der langwierige Handel nach Stunden perfekt, genügte ein Handschlag, um den Kauf als gültig zu besiegeln. Ein Schluck aus der Buddel, und noch ein Schluckchen und noch eins, waren der endgültige Abschluß.
Für die Marjellchens und Lorbaßche gab's ein schönes Karussell, mit Schimmeln und Braunen, einer Feuerwehr, Kinderautos und Fahrrädern. Die Musik kam aus der Drehorgel. Starke Jungen mußten im Innenkreis an dikken festen Stangen das Karussell schieben, immer rundherum. Der Besitzer schwang seine große Glocke: Ende der Runde für 5 Pfennige. Die Karusselldreher konnten verschnaufen. Wer keine Pfennige fürs Fahren hatte, verdingte sich für zehn Runden Drehen und durfte dann einmal umsonst mitfahren. Das hätten wir auch gerne gemacht, aber die Eltern hätten es nie erlaubt.
Vater und Mutter hatten im Geschäft Hochbetrieb. Nachdem die Bauern gut verkauft hatten, besorgten sie sich für den Winter eine neue, warme Mütze, dicke Unterwäsche und breite Hosenträger. Natürlich fiel aus der Ladenkasse für uns Kinder ein Vergnügungsdittchen ab.

Auf dem Marktplatz war eine Schießbude und ein Süßigkeitenstand mit verlockenden rotweiß und grünweiß geringelten Pfefferminzstangen, Backwaren, Honigbonbons und Steinpflastern aufgebaut. Ein Mann verkaufte aus seinem Bauchladen kleine Blechhähne, in die man hineinpusten und einen quäkenden Ton erzeugen konnte, Trillerpfeifchen und Blechfrösche zum Knicksen. An einem Baum hockte ein zerlumpter blinder Handharmonikaspieler und bat um Almosen. Und auf dem Fenstersims unseres Schaufensters saß eine Zigeunerin mit offener Bluse und dickem Busen, an dem ein Baby herumspielte. Gerhard zog mich fort: »Da darf man nicht hinsehen, das ist unanständig!«

Der Winter fiel ins Land, und Vater kam immer seltener zu uns nach Ortelsburg. Es wurden keine neuen Bestellungen für die Herrenartikel aufgegeben, die Warenreste ausverkauft. Eine große Veränderung stand bevor.

Vater war es gelungen, in Königsberg, am Gesekusplatz Nr. 6, in der zweiten Etage passable Geschäftsräume und zwei Zimmer als Wohnungsbehelf zu mieten.

Es war soweit. Wir Kinder verbrachten unseren letzten Tag in Ortelsburg bei meinem geliebten alten Uhrmacher. Die Geschäfts- und Wohnungsauflösung erlebten wir am Rande. Nur das Umzugsmittagessen mit den großen Ringen »Pommerscher Wurst« und Semmeln ist mir in Erinnerung geblieben.

Gesekusplatz Nr. 6

»Königsberg Hauptbahnhof. Endstation. Alles aussteigen!«

Schade, daß die Bahnfahrt schon beendet war. Ich hatte

die ganze Zeit still auf meinem Fensterplatz gesessen und immer nur hinausgeschaut.
Es war meine erste große Reise mit einem Zug, und ich genoß es, Landschaften zu betrachten, Häuser, Wald und Wiesen vorbeifliegen zu sehen, dem gleichmäßigen Rattata, Rattata der Zugräder zu lauschen, zu beobachten, wie ein Reh oder Hase verschreckt flüchtete, die auf- und untertauchenden Telegrafenmasten zu zählen, auf den Haltestellen das Ein- und Aussteigen der Menschen zu betrachten, was schöner war als alle Bilderbücher zusammen, die ich besaß. Auf den Bahnsteigen liefen Zeitungsverkäufer am Zug entlang: »Berliner Illustrierte, Königsberger Allgemeine Zeitung, Romane ...« riefen sie. Ein schmaler hoher Wagen wurde an den Abteilfenstern vorbeigeschoben: »Eis, Kaffee, Schokolade, heiße Würstchen.« Passagiere kurbelten die Abteilfenster herunter, sagten ihre Wünsche, und der Bahnhofsverkäufer reichte ihnen die Waren gegen Bezahlung ins Kupee.
Die Bahnhofshalle war riesengroß, mit verglastem Dach, wie ein Palast im Märchen. Es gab viele Bahnsteige, Geleise und Züge. Deshalb zog man große weiße Blechschilder mit Namen der Städte abwechselnd aus einem Blechschrank mit einem Hakestock heraus und befestigte sie, damit die Menschen ihren richtigen Zug finden konnten. Da gab es mehrere Beamte mit roten Mützen, Trillerpfeifen und Abfahrtskellen. Große starke Männer mit Lederschürzen, blauen Arbeitshemden und einer Dienstmütze, auf deren Rand »Gepäckträger« gestickt war, trugen für zwei bis drei Groschen schwere Koffer, Reisetaschen und Flechtkörbe von und zu den Zügen und Autos.
Durch die Bahnsperre mit den kleinen Fahrkartenhäuschen, in denen Bahnbeamte mit der Knipszange saßen, mußte jeder Reisende hindurch und seine abgelaufene Fahrkarte abgeben oder die neue lochen lassen. So eine

Zange, ein Trillerpfeifchen und eine Abfahrtskelle hatte Gerhard in Ortelsburg zu Weihnachten bekommen.
Auf dem Bahnhofsvorplatz standen mehrere große, gelbe zugähnliche Waggons, vor denen keine Lokomotive dampfte, sondern vom Dach aus ein großer Blechbügel an endlos lange Drähte stieß. Die Waggons hatten verschiedene Nummern und an der Stirnseite ein Schild mit einem Straßennamen. Mutter sagte in unser Staunen hinein: »Das sind Straßenbahnen oder auch Elektrische genannt, die überall in der Stadt die Einwohner transportieren.«
Wir stiegen in die Bahn mit der Aufschrift »Kaiser-Wilhelm-Platz/Juditten« ein. Kling - ling, ein Mann in blauer Uniform hatte an einer durch den ganzen Wagen gespannten Lederleine gezogen. War das aufregend, durch die Straßen dicht neben den auf Bürgersteigen gehenden Menschen zu fahren, neben Autos, die unseren Schienen ausweichen mußten, über große Brücken, die einen Fluß überquerten, an Kirchen und verzierten Häusern vorbei.
Am Kaiser-Wilhelm-Platz stiegen wir aus. Dort befand sich ein Denkmal aus Metall mit einem massigen Mann in Uniform, der unnahbar aussah (das Bismarck-Denkmal). Aber ein richtiger Märchenkönig, der eine Krone auf dem Kopf trug und sein großes Schwert schwang (Kaiser-Wilhelm-Denkmal), stand vor seinem Schloß mit einem mächtig hohen Backsteinturm und vielen Gebäuden.
Wir gingen ein kurzes Stückchen bergauf, bogen links um die Ecke und waren auf dem Gesekusplatz, an dessen anderem Ende die Straße steil zum Steindamm hinaufführte. Dort las Gerhard »Nr. 6«. Und links von der Haustür ein Reklame-Schild:

»Pelzwaren
Verkauf und Reparaturen.
Konservierung. Maßanfertigung.
Kürschnermeister Georg Skopp.«
2te Etage.

Das war unser Pappi! Wir liefen in den Hausflur, vorbei an der Ladentür des Oberhemdengeschäftes von Herrn Frühling, in der ersten Etage am Büro einer Versicherungsgesellschaft und noch einen Stock höher in unser neues Zuhause.

Stürmisch begrüßten wir Vater. Die Möbel standen fast alle schon auf ihrem Platz. Wir kamen aus dem Staunen gar nicht mehr heraus. Die Zimmer hatten riesenhohe Dekken. 3,80 m, wie uns Vater erklärte. Überall, wo Wand und Decken zusammenstießen, befanden sich Stuckgirlanden, schwebten in den Ecken Engelsputten mit Blüten. An der Deckenmitte war eine Stuckrosette, aus der weiße, mit Messing beschlagene Lampenglocken hingen, die durch Gaslichtstümpfe erhellt wurden.

In jedem Raum stand ein riesiger, bis zur Decke reichender Kachelofen mit verziertem Keramikaufsatz. Die Fenster hatten rauf- und runterziehbare Sonnenmarkisen. Eine verschnörkelte Zweiflügeltür öffnete sich zum Verkaufsraum mit einem neuen Warenschrank, Pelzmantelständer und wandhohen Anprobespiegeln. Daneben die Werkstätte mit Näh- und Pelzmaschinen, Arbeitsplatten und Tisch.

Die zwei Wohnräume waren bescheidener, da einer geteilt war und als Notküche benutzt werden mußte. Ein Badezimmer fehlte. Die Aussicht aus unseren Zimmern war sehr interessant. Vier Fenster gingen auf den Gesekusplatz hinaus, den zwei Geleispaare der Straßenbahn der Länge nach zerschnitten. Uns schräg gegenüber führte der schmale, kopfsteingepflasterte Unterrollberg, mit dem ältesten und berühmtesten »Flecklokal« Königsbergs, hinunter zur Unterlaak mit den Markthallen.

Zwischen der Einmündung des Unterrollbergs und der engen Koggenstraße befand sich ein Spielwaren- und Scherzartikelgeschäft mit allerlei Kuriositäten. Zwischen Koggenstraße und der zum Schloß angrenzenden Kant-

straße gab es viele Läden. Wir schauten unmittelbar in das Lampengeschäft Ziersch hinein. Abends bestaunten wir von unserer Fensterloge aus die immer neu dekorierten farbigen, dezenten, kitschigen, kristallenen, pergamentenen, gläsernen Beleuchtungskörper. Daneben ein Tabakladen, in dem Vater seine Zigaretten Marke »R 6« oder »Attika« kaufte und ein Feuerzeuggeschäft. Versteckt hinter Büschen und Bäumen ein gemauertes öffentliches Toilettenhaus mit zwei separaten kleinen Eingangsalleen für Damen und Herren. Wohnhäuser, eine kleine Fußgängergasse zum Kaiser-Wilhelm-Platz, die Eckkneipe und ein Herrenausstatter rundeten das lebhafte Gegenüber des Platzes ab.
Auf unserer Straßenseite, an der Ecke zum Steindamm, gab es Goerkes Lederwarengeschäft mit Handtaschen, Portemonnaies, Koffern, Aktenmappen und Schulranzen. Das Oberhemdengeschäft unseres Hauswirtes, Herrn Frühling, vier- bis fünfstöckige Wohnhäuser, ein Hausartikelladen, den Eingang und die Autoeinfahrt zum Telegraphenamt, mit einem kleineren Postamt für Telegramme, Päckchen und Briefmarken reihten sich bis zur Kantstraße, die den Gesekusplatz begrenzte.
Dort erhoben sich die gewaltigen Schloßmauern mit der Kirche und dem Turm aus dem Jahre 1592.
Um sieben Uhr abends, nach dem aufregenden Tag, hörte ich zum ersten Mal von den Turmbläsern des Schlosses den Choral:

»Ein feste Burg ist unser Gott . . .«

Der Paradeplatz

Wir genossen unsere Stadt auf unsre Weise. Zum Beispiel auf dem nahen Paradeplatz. Dort bildeten sich kleine Spielcliquen. Manch ein Kind hatte einen Tretroller und ließ uns eine Platzrunde drehen. Ein Junge, dessen Vater einen Spielwarenladen besaß, erschien nicht nur mit *einem* fahrbaren Gerät, er konnte zwischen dem Selbstfahrer, dem Tretroller und dem Fahrrad wählen. Er war ein bißchen geizig im Ausleihen.
Wir besaßen keine solchen Wunderwerke, nicht einmal einen einfachen Roller. Doch hatte Vater für jeden von uns ein schönes Peitschchen aus Haselnußstöcken seiner Werkstatt gemacht. In einer Kerbe an der Spitze des Stokkes befestigte er einen mitteldünnen festen Bindfaden, in den er am Fadenende zwei kleine Knoten knüpfte. Ui, wie die knallten! In der ganz wenig befahrenen, asphaltierten Paradeplatz-Einbahnstraße, mit einzelnen geparkten Autos, ließen wir unsere bunten Kreisel drehen und springen. Manchmal versuchten wir, zwei Kreisel gleichzeitig in Schwung zu halten, was Schnelligkeit und Geschick erforderte.

Murmelspiel

Zum Ausruhen wetteiferten wir mit den Murmeln. Jedes Kind besaß von diesen ein mehr oder weniger großes Säckchen voll. Einfache Tonkügelchen kosteten vier Stück einen Pfennig und zählten beim Spiel je einen Punkt. Für die glitzernden, farbigen Murmeln aus unzerbrechlichem Material bezahlte man für die kleinen zwei Stück mit einem Pfennig, sie zählten fünf Punkte, die mittleren, das Stück zu einem Pfennig, gleich zehn Punkte, die größten für je zwei Pfennige gleich 20 Punkte.
Krösus war, wer »Glaser« besaß. Sie waren kirschgroß

oder noch größer, aus dickem Preßglas, durchsichtig, mit eingegossenen Ornamenten. Die kleinsten »Glaser« zählten alleine 50 Punkte, die großen 100 bis 200.
Nur im äußersten Notfall, wenn man mit den einfachen Murmeln totale Pleite gemacht hatte, setzte man so ein Prunkstück ein. Sie hatten reinen Reputationswert. Gerhard und ich besaßen je drei prächtige Glaser.
Das Murmelloch wurde ausgebuddelt. Ein Strich im Sand, mit dem Schuhabsatz gezogen, bezeichnete die Abwurfstelle, von der wir die Murmeln in die Kuhle zu werfen versuchten. Die Vorbeigefallenen mußten reihum mit dem Zeigefinger oder Mittelfinger hineingeschubst werden. Begann eine neue Partie, rief man ganz schnell seine Spielposition aus. Am begehrtesten waren der erste und der letzte Platz. Die Finger fuhren, unter lautem Gebrüll, hoch: »Pajest« (Erster; »Anfahrt« im Russischen) und »Pleez« (Letzter). Woher diese Rufe stammten, wußte keiner von uns.

Zehner-Ball

Fast ein reines Mädchenspiel war unser »Ball an die Wand« oder »Zehner-Ball«. An eine glatte Hauswand mußte der Ball mit bestimmten Gliedmaßen, in genauer Anzahl, ohne die Erde zu berühren, geprellt und aufgefangen werden. Das hieß: Zehnmal Kopfball, neunmal rechter, neunmal linker Arm, achtmal rechtes, achtmal linkes Knie, siebenmal über den Rücken werfen, sechsmal mit Drehung, fünfmal Brust usw. Dazu eignete sich ausgezeichnet die Mauer der Albertus-Universität.
In deren Arkadenwandelgang mit seinen Säulen und Mauerecken spielten wir Verstecken, Greifen oder »Räuber und Gendarm«. Aus dem Begonienbeet an der Schmalseite pflückten wir uns die roten und gelben Blütenblätter und aßen sie auf, weil sie so säuerlich erfrischend schmeckten. Auf dem Vorplatz hüpften wir Dauer-

rekorde mit dem Springseil, ohne futsch zu machen, oder hopsten in aufgemalten Quadraten, Rechtecken und Halbkreisen auf einem oder zwei Beinen von Fach zu Fach; dabei durften die Linien nicht berührt werden. Wer das tat, schied aus.

»Vater, Mutter, Kind« spielten wir am Immanuel-Kant-Denkmal, das etwas seitlich, mit hohem Schmiedeeisengitter umzäunt, in einem Buschwerkrondell stand. Wir zeichneten Traumwohnungen in den Sandweg, mit großen Wohn- und Schlafzimmern, Küche, Bad und genügend Kinderzimmern. Unsere Puppen waren die Kinder. Die Brüder, als Väter, mußten mit ihren Kullerreifen als Autoersatz Einkäufe machen oder zur Arbeit fahren, und wir Mütter fegten mit Reisig die Stuben, fertigten mit Steinen, Gänseblümchen und Strauchbeeren Mahlzeiten an.

Das Schiller-Denkmal, neben dem Opernhaus, verlockte uns wieder zum »Fang-mich«, immer rundherum. Daneben stand der Eismann mit seinem weißen Karrenwagen und spachtelte aus den drei mit silbernen Helmen abgedeckten Kühlgefäßen lila-, gelbes und braunfarbenes Eis in spitze Waffeltüten oder Schiffchen. Nicht zu fassen, wie oft bei unvorsichtigem Lecken der kunstvolle Aufbau unter dem Wehgeschrei der Kinder auf das Pflaster fiel. Aber Ersatz gab es weder von den Eltern noch vom Eismann. Fünf oder zehn Pfennige waren eine Menge Geld, und man mußte mit allem achtsam und vorsichtig umgehen.

Gerhard wollte mir die neuesten Autos, die oft vor der Buchhandlung Gräfe und Unzer parkten, zeigen und erklären. »Oh, ein Horch, du, das ist ein Pfundswagen!« Er imponierte mir auch, wo ich sonst nicht viel für Autos übrig hatte und in Königsberg nur ein einziges Mal in einer Autodroschke Vater bis zum Nordbahnhof begleiten durfte, als er für vierzehn Tage nach Schwarzort alleine in Urlaub fuhr.

Der Horch hatte große silberfarbene Röhren, die seitlich aus der Motorhaube führten, einen Ersatzreifen in blankem Ring und hinten einen Außenkoffer, ein geschwungenes, langgezogenes Trittbrett – alles so gediegen und elegant.
»Ha, schau dir hier den kleinen Hanomag an. Der hat vielleicht eine Beule im Blech . . .«

Geburt

Tante Lotte sollte ein Baby bekommen. Warum nur sie und wir nicht auch? Mit fünf Jahren versteht man die Erwachsenen wirklich schwer. Ich hätte mir ein niedliches Geschwisterchen sehnlichst gewünscht. Das wäre etwas Lebendiges, mit dem man spielen konnte, es füttern und im Kinderwagen spazieren fahren. »Das geht nicht«, sagte Mutter, »nur Tante Lotte hat den dicken Bauch, in dem das Baby schläft und in den nächsten Tagen geboren wird.« – »Und wie kommt es dort heraus?« Sie druckste verlegen herum: »Der Bauch öffnet sich.« So einfach öffnen, ohne mit der Schere aufzuschneiden und später zuzunähen? »Wo geht er auf, sag doch Mutter?« – »Das ist nichts für kleine Kinder, später, wenn du verheiratet bist, dann weißt du es!« Immer diese blöden Antworten.
Eines Vormittags kam Lothar, Tante Lottes Sechsjähriger, für ein paar Tage auf Logierbesuch. Wir freuten uns, mit ihm zu spielen und beim Essen zuzusehen. Er war so mäklig, mochte dies und jenes nicht, behielt stundenlang Kartoffeln und Gemüse im Mund, plärrte bei jedem kleinen Bugger, wollte warmes Wasser zum Waschen und brachte Mutter zur Verzweiflung. Wir genossen seinen mitge-

brachten Roller. Allein aus diesem Grund hätte er ewig bei uns bleiben können.

Endlich war das Baby angekommen, ein Junge, der Botho! Am Nachmittag durften wir drei Kinder ihn zum ersten Mal besuchen. Nicht anfassen, nur schauen! War der wohl winzig! Ich hätte ihn so gerne ein- und ausgewikkelt und die festen, geschlossenen Fäuste aufgemacht. Aber Tante Lotte, in ihrem Bett, ließ ihn nicht aus den Armen. Mutter schickte uns auf den Flur hinaus, die Tante müsse das Baby füttern. Ohne Fläschchen? Es gab Rätsel über Rätsel. Warum lag die Tante immerzu im Bett und ging auf den Topf? Das wußten wieder nur die Erwachsenen.

Es dauerte gar nicht lange, da durfte ich beim Baden zusehen, mit einer weichen Bürste seine Seidenhärchen glatt machen, meinen Finger hinhalten, den er mit seinem winzigen Händchen umklammerte. Jetzt bekam er auf einmal in unserer Gegenwart sein Fläschchen.

Bei schönem Wetter konnte ich auf der Schloßteichpromenade meinen kleinen Liebling in seinem hochrädrigen Kinderwagen alleine schieben. Ich mußte mich richtig hochrecken, um an den Griff zu langen, und unversehens fuhr ich von hinten die Leute an. Ich konnte über Wagen und Verdeck nicht hinüberschauen. In der Straße chauffierte Tante Lotte das Gefährt, und ich faßte nur am Griff mit an.

Der kleine Kerl wuchs schnell. Er war gnatschig, die ersten Zähne kamen. Auf der an einer Schnur befestigten harten Fenchelwurzel biß er mit seinem dicken, geschwollenen Gaumen sabbernd herum. Jetzt führte ich in der Straße schon alleine den Wagen, während Mutter und Tante hinterhergingen. Es kam, was bei diesem kopflastigen hohen Gefährt kommen mußte. An der runden Bürgersteigkante verlor der Wagen das Gleichgewicht, kippte seitlich ab, und Botho flog im hohen Bogen heraus. Gott sei Dank landete er auf seinem Federzudeck. Alle waren maßlos erschrocken, Botho schrie wie am Spieß, Mutter rutschte die Hand aus, haute mir eins an den Hinterkopf, und Tante sammelte schnell das Kind mitsamt dem Wageninhalt auf. Sie nahm mich tröstend in Schutz, ihr war das gleiche Malheur an einer Bordsteinkante passiert.

Simon-Dach-Schule

Meinem ersten Schultag im Jahre 1932 waren schon einige für mich sehr bedeutsame Kämpfe vorausgegangen. Ich sollte Gerhards Tornister übernehmen, für den eine Oberschul-Tasche im übernächsten Jahr sowieso fällig geworden wäre. »Nein und nochmals nein! Mit einem Jungentornister gehe ich nicht, alle werden mich hänseln!« Die Mädchenranzen hatten statt des großen nur einen kleinen, kurzen Deckel. Und außerdem, einen gebrauchten Tornister?! Warum nur war ich die Zweitgeborene, nur ein Mädchen, das so vieles nicht durfte? Man schalt mich Dickkopf: »Immer mit dem Kopf durch die Wand, das werden wir dir schon austreiben!« Ich blieb bockig und muksch und wollte von der ganzen Schule jetzt nichts mehr wissen.
Die Eltern hatten dann doch ein Einsehen, unter dem Weihnachtsbaum lagen statt anderer Geschenke mein wunderschöner brauner Ranzen, ein neuer Federkasten aus Holz mit Blümcheneinlegearbeit, ein Griffelrubbler, zwei Schiefergriffel und eine Tafel mit zwei Schwämmen, einen für Feucht, einen zum Trocknen.
Das Osterfest war vorüber, der Einschreibungsmorgen brach an. Und mit ihm wieder eine Enttäuschung! Statt

der Riesenschultüte, wie sie Gerhard gehabt hatte, lag auf dem Frühstückstisch ein ziemlich kleines Gebilde, so daß Tränen und Wut in mir aufstiegen. Mir war nicht bewußt, daß die schlechte wirtschaftliche Lage die einzige Rolle bei der Entscheidung gespielt hatte, und man konnte es mir natürlich nicht klar machen.
Wenigstens zwei extra breite neue Schleifen zierten meine langen blonden Zöpfe.
Mutter begleitete mich auf die Oberlaak bis in die Schulklasse hinein. Die Lehrerin, Fräulein Hallervorden, schien ja recht nett zu sein. Sie erzählte uninteressantes Zeugs. Wir Kinder verglichen lieber still die Größen und Farben unserer Schultüten, wobei die meine, Gott sei Dank, nicht die allerkleinste war. Brennend gern hätte ich endlich einen Buchstaben gelernt oder eine Zahl auf meine Tafel geschrieben. Nichts von all meinen Vorstellungen ging in Erfüllung. Wir sollten ein Osterei auf unsere Schreiblinienseite der Tafel malen und zu Hause auf die Rechenseite drei verschieden große Eier. Womit sollte ich da Gerhard imponieren?
Nach zwei Tagen hörte Mutters Begleitung auf. Wäre ja auch gelacht, ich war kein Mutterbaby mehr. Alleine war der Schulweg viel interessanter. Ich konnte stehenbleiben, wo ich wollte, konnte laufen, so schnell ich wollte, und fühlte mich sehr frei und erwachsen.
Ich kam am Volksbad auf der Unterlaak vorbei, wo wir jede Woche einmal zum Heißduschen gingen. Mutter und ich nahmen zusammen immer eine Kabine. Aber wehe, ich guckte um die Trennmauer, wenn Mutter unter der Brause stand. Ich sollte nicht ihren Busen sehen. Dabei ahnte sie nicht, daß ich sie trotzdem nackt betrachten konnte. Hihi, es hing nämlich ein kleiner Frisierspiegel an der Kabinentür, der mir ihren bloßen Körper in allen Stellungen verriet. Aber so interessant waren die etwas hängenden Brüste, die störenden Fettpolster und die Haare

am Unterleib nun auch nicht. Hoffentlich kriegte ich nicht so ein Zeugs!

Der kleine Schreibwarenladen, geführt von zwei grauhaarigen, freundlich geduldigen Damen, war das Paradies für uns Kinder. Nicht nur Hefte, Schulbücher, Radiergummis, Buntstifte, Löschblätter, Tinte und anderer Schulkram wurden dort angeboten. Die größte Anziehungskraft übte das Regal aus mit den eingehängten viereckigen, mit einem Glasdeckel verschlossenen Blechkästen voller Süßigkeiten: Gelbe, rosa und weiße Reckpuppen, zwei Stück 1 Pfennig, vier Vanillekugeln 1 Pfennig, zwei Lakritzenmünzen 1 Pfennig, braune Zuckerlinsen, Minipfefferminzstängchen 1 Pfennig oder, für ganz Verschwenderische, bunte Dauerlutscher, Wundertüten, Studentenfutter für 5 Pfennige das Stück, machten einem die Wahl sehr schwer. Selbst den kleinsten Kauf schütteten die gutmütigen Besitzerinnen in winzige weiße, spitze Tütchen. Vor dem Laden begann noch eine schwierige Tauschaktion: ein Gummigelee gegen ein Lakritzenstück plus einer Vanillekugel oder ein Pfefferminz gegen ein Gummibärchen und eine braune Linse . . . Der grüne Stundenlutscher wurde ein kurzes Weilchen zum Schlecken gegen den roten getauscht, und in das Zweipfennig-Brausepulver durfte die beste Freundin ihren mit Spucke befeuchteten Zeigefinger stecken und dann ablecken.

Meines Bruders Schulhof grenzte an unseren, aber den Heimweg mußten wir wegen der verschiedenen Stundenpläne meist getrennt antreten. Carla Schulz aus meiner Klasse und ich hatten den gleichen Weg zum Gesekusplatz, von dem sie in die Koggenstraße abbog. Wir erzählten uns immer viel aus dem Schulalltag. Warum mußte Edith wegen einer kleinen Schwatzerei so lange, mit dem Gesicht zur Wand, in der Ecke stehen? Und erst die blöde Knochenpaula! Immer schlug sie uns mit ihren harten Fingern auf die Hand, wenn wir beim Stricken eine Masche

fallengelassen hatten. Nach jeder Runde »zwei glatt, zwei kraus« für den Strumpfrand mußte man ewig lange in der Reihe anstehen, um das Gestrickte vorzuzeigen. So konnte der Strumpf nie fertig werden. »Wenn ich bloß selber die runtergefallenen Maschen wieder auf die Nadel heben könnte! Kannst du das, Carla?« – »Nein, aber meine ältere Schwester Hilde, die macht mir das zu Hause und strickt für mich ein Stück weiter.« – »Du hast es vielleicht gut, meine Mutter hat das Stricken nie gelernt.« Wir redeten und schimpften weiter über das blöde Lied, das wir lernen mußten und von dem die Lehrerin so begeistert war. Was bedeutete: »Deutsch ist die Saar, / Deutsch immerdar, / Deutsch ist das Lied und deutsch das Wort / Und deutsch der Berge schwarzer Hort . . .«? (Es war der 13. 1. 1935, der Anschluß der Saar an das Deutsche Reich.) Wo fließt die Saar, und der schwarze Hort soll etwas mit unseren Briketts im Keller zu tun haben? Wir kamen beim Hinaufgehen des steilen Unterrollbergs leicht aus der Puste, und als ich mich umdrehte, um Carla das lustige Verkehrsschild mit einem durchgestrichenen Rollwagen auf dem rot umrandeten weißen Blechschild zu zeigen, erschrak ich: hinter uns ging die »Knochenpaula«. Ob sie zugehört hatte? Wehe, das konnte sehr böse ausgehen. Der Nachmittag war mir verdorben, und nachts wachte ich, von Alpträumen geplagt, auf. Mit bleiernen Füßen und klopfendem Herzen ging ich am nächsten Tag in die Schule. Sie hatte nichts gehört, doch sie blieb weiter in meinem Innern die unerbittliche Knochenpaula.

Dann kamen wieder ganz unbeschwerte Tage. Die Schüler der Jungen- und die Mädchen unserer Simon-Dach-Schule fanden sich alle um neun Uhr auf ihren Schulhöfen ein. »Graf Zeppelin«, das große silbergraue Luftschiff mit einer Passagiergondel an der Unterseite, im Volksmund »Zigarre« genannt, sollte, aus Berlin kommend, auf dem Königsberger Flugplatz Devau landen. Das war eine Sen-

sation! Reckte man damals bei jedem der seltenen Flugzeuge den Kopf gen Himmel, so war dies ein ganz außerordentliches Ereignis. Überall sah man Menschengrüppchen auf den Straßen zusammenstehen, Bäcker mit weißen Konditormützen, Kolonialwarenhändler, Handwerker schauten in den wolkenlosen Himmel, ob sich der graue Leib nicht über die Dächer schob. Und dann hatte jemand von einem hochgelegenen Fenster oder gar von einem Dach aus den Zeppelin entdeckt und gerufen: »Er kommt, er kommt!« Es war ein großer Augenblick, das lange fliegende Ungetüm über unsere Stadt gleiten zu sehen. Der Rest der Schulstunden fiel aus, wer hätte auch die aufgeregte Kinderschar bändigen können, wo Erwachsene, Zeitung und Rundfunk voller Berichte und Bilder waren!
Einige Tage später überquerte ich, von der Schule kommend, den verkehrsreichen Gesekusplatz und sah an unserem Haus zwei Straßenarbeiter das Straßenschild abmontieren. Neugierig wartete ich, was geschah. Sie wikkelten aus einem Sackleinen ein neues weißes Emailleschild, auf dem »Fritz-Tschierse-Platz« stand, und schraubten es an die alte Stelle.
Ich erinnerte mich bei dem Namen sofort an die lange zurückliegende Nacht eines Krawalls zwischen Nationalsozialisten und Rotfront, an Schreien, Lärmen und Gepolter auf der Straße. Polizei, ein Krankenwagen, aufgeregte Menschen lamentierten im Nachbarhaus. Aus der Zeitung erfuhren wir am nächsten Morgen, der SA-Mann Fritz Tschierse war durch mehrere Messerstiche ermordet worden.
Jetzt wohnten wir also auf dem Fritz-Tschierse-Platz. Eine Gedenktafel aus Bronze am Nachbarhaus erinnerte mit Datum, Spruch und Namen an diesen unseligen Tag. An jedem politischen Feiertag zog eine Mahnwache der Partei im Stechschritt auf, Kränze wurden niedergelegt und Fakkeln abgebrannt.

Unser guter treuer Briefträger, der zu Weihnachten von meinen Eltern immer zwei oder drei exzellente Zigarren geschenkt kriegte, brachte uns ein amtliches Schreiben: »Sie haben sich am . . . um . . .Uhr mit ihrer Ehefrau Gertrud, geb. 1899, ihrem Sohn Gerhard, geb. 1924, und ihrer Tochter Dora, geb. 1926, in der Kinderklinik am Steindammer Wall zur Untersuchung einzufinden. Personalausweise sind mitzubringen.« Das konnte nichts gutes bedeuten. Dies und jenes wurde in der Stadt geredet. Am 15. September 1935 waren die sogenannten »Nürnberger Rassegesetze« verkündet worden. Gab es da irgendwelche Zusammenhänge? Die Zeiten waren so unruhig, voller Umbruch. Wir schritten gut angezogen, beklommen, wie zu einer Beerdigung, in die Klinik.
Nach Anmeldung und Aufruf betraten wir das Untersuchungszimmer. Der schweigsame Arzt horchte uns ab, wir wurden gewogen und gemessen, das Gebiß geprüft, die Füße gemustert, Haar- und Augenfarbe notiert, mit sonderbaren Geräten der Schädel vermessen. Sie werden von uns hören, war die lapidare Auskunft. Die Eltern erkundigten sich, ob auch andere Leute zu der seltsamen Untersuchung mußten. Aber im engsten Bekanntenkreis war bis jetzt niemand aufgefordert worden.
Kurz darauf kam wieder ein blauer Amtsbrief mit der Aufforderung, einen Ahnen-Arier-Nachweis bis zu den Großeltern von Vater und Mutter zu erstellen. Das gab eine Schreiberei an die Kirchensprengel von Tilsit, Melauken, Friedland, Pelkeninken, Plibischken, Dombrowken, Engelstein, Lentenbude usw. Manche Kirchenbücher aus den Jahren 1840 bis 1860 existierten in den Kleinstpfarreien nicht mehr, oder die Eintragungen waren vergilbt, unleserlich geworden. Wir begannen uns eingeengt und beobachtet zu fühlen, registriert und vermessen. Alle Daten, Geburts-, Tauf- und Heiratsurkunden unserer Vorfahren konnten wir nicht beibringen, aber was wir den

Parteibonzen einreichten, schien einigermaßen zufriedenstellend ausgefallen zu sein. Wir erhielten einen mit acht Adlerhakenkreuzstempeln versehenen »Ahnenbrief«, die beglaubigungsfähige Ahnentafel für den Abstammungsnachweis.
In der Schule rückten Sport und Disziplin immer mehr in den Vordergrund. Lehrer spielten sich wie kleine Herrscher auf. Der Musiklehrer zum Beispiel lehnte sich einmal während der Pause aus dem Flurfenster und streckte nach hinten, weit in den Treppentrakt hinein, seine Beine aus. Hand in Hand, zu zweit, einen Finger auf den Mund gelegt, stiegen wir Kinder die Stufen zu unseren Klassen hinauf. Eine Mitschülerin übersah die Füße und stolperte über sie. Wütend drehte sich der Lehrer um und gab dem Mädchen links und rechts schallende Ohrfeigen. Ihr Gesicht war ganz verschwollen, und sie weinte immer noch, als unsere Klassenlehrerin eintrat. Empört berichtete ich von dem Vorfall, weil die Behandlung ungerecht war. Frl. Hallervorden meinte zögerlich, ich könnte in dieser Art einen Lehrer nicht kritisieren. »Und wenn das aber wahr ist«, trotzte ich auf. Beide vergaßen wir diese Begegnung nicht, die sie später einmal meinem Vater erzählte, als sie unsere Pelzkundin wurde.
Eines Tages stotterte ich beim Aufsagen des Einmaleins. Schlecht gelaunt schimpfte die Lehrerin, ohne zu bedenken, was sie sagte: »Dann wiederhole es zu Hause hundertmal.« Ich war so gehorsam und ängstlich, daß ich den ganzen Nachmittag das Einmaleins aufsagte und mir die Anzahl aufschrieb, auch beim Nachmittagsspaziergang es immer wieder runterleierte. »Hör doch endlich auf, Dorchen«, sagte Mutter, »das hat sie sicher nicht so gemeint.« Ich hörte nicht auf, hakte das hundertste Mal ab.
Wenn unsere Mitschülerin Rosel Geburtstag hatte, kam ihre Mutter mit einer großen Bonbontüte in die Klasse und verteilte an jedes Kind ein oder zwei Stück. Sie wollte sich

bestimmt bei den Lehrern einschmeicheln. Ich fand das gar nicht gut. Die zwei Bonbons brachte ich nach Hause und teilte sie mit meinem Bruder. Es gab nichts, was sich einer allein gegönnt hätte, und wenn wir das kleinste Stückchen Schokolade durchbissen, es wurde geteilt.
Zu Weihnachten führten wir die Geburt Christi auf. Jede von uns brachte ihre Puppe mit, und die schönste wurde als Christkind ausgewählt. Jedes Mal wurde ich bei der Rollenverteilung meiner langen Haare wegen der Verkündigungsengel. Als ich gerade, im langen weißen Nachthemd, so richtig feierlich wurde, meine Arme zur Verkündigung ausbreitete, kam ich so dicht an die Kinder mit den brennenden blauen VDA-Lichtern heran, daß mein blondes Haar Feuer fing und zu schmoren begann. Unsere Lehrerin sprang geistesgegenwärtig hinzu, riß eine Stoffwolke ab und drückte sie auf das angesengte Haar. Die Verkündigungsfeierlichkeit hatte einen großen Riß erhalten.
Nie wurde ich die niedliche Maria oder eine zarte Prinzessin. Wegen meiner Größe blieben mir die Königsrollen mit den steifen Pappkronen.

Mutter- und Vatertag

Obgleich noch kleine Kinder, erkannten wir die Mühen und Sorgen der Eltern. Wir spürten ihre Liebe und Fürsorge, sahen ihre Betrübnis, wenn sie viele Wünsche nicht erfüllen konnten.
Am Muttertag, der bei uns zugleich Vatertag war, brachten wir unseren Eltern als Dank selbstbereitetes Frühstück ans Bett, das wir mit Gänseblümchen und zwei kleinen Schokoladenmaikäfern verziert hatten.

Am Tag zuvor putzten wir mit dem Haushaltsmittel »Sidol« die Türklingel, das Namensmessingschild, die Fensterschließknöpfe blitzeblank. Die Messingbettgestelle blinkten ebenfalls auffällig in der Morgensonne.
Wir schlüpften zu den Eltern in die Betten und kuschelten uns, geborgen, ins Nest. Vater und Mutter lasen auf ihren »Gutscheinen«, die unter den Maikäfern lagen: »1 x Fahrradputzen«, »1 Tag lang Abwasch«. Wie reich konnte uns die Liebe machen.
Ohne Geschirr zu zerschlagen, lösten wir das Versprechen an Mutter ein.
Vaters Fahrrad zu putzen war eine heilige Zeremonie. Es war das einzige in unserer Familie und wurde sorgfältig gepflegt. Mit hohem Lenker thronte Vater bei seinen wenigen Sommertouren kerzengrade auf seinem Sattel. Nun stellte er es zum Putzen auf den Dachboden, umgedreht mit dem Lenker nach unten. Gerhard, als Mann, erhielt das schwierige Hinterrad zum Reinigen, ich das Vorderrad. Die männliche Überheblichkeit ärgerte mich, doch seine ölverdreckten Hände versöhnten mich auch wieder mit dem einfachen Vorderrad. Außerdem gehörte in mein Revier die Fahrradglocke, ich betätigte sie kräftig. Gerhard drehte dafür ausdauernd die Pedale, daß das Hinterrad nur so schnurrte. Mit welcher Hingabe putzten wir zwei Stunden lang jede Speiche, wischten jeden Erdkrümel innen aus den Schutzblechen! Vaters Lob machte uns sehr stolz. In Spenderlaune gab er jedem einen Groschen für die Selterbude am Unteren Rollberg.

Das Hafenviertel

Der Hafen war unser Abenteuerrevier. Nicht sehr gerne sahen die Eltern unsere Streifzüge zwischen den alten hohen Fachwerkspeichern mit ihren fremdländischen Waren und verschiedenen Gerüchen. Es drohten zu viele Gefahren beim Entladen der Schiffe mit den weit ausschwingenden Ladebäumen oder beim Hochwinden der gebündelten Säcke in die Speicherluken. Die Zugschienen und die Drehscheibe beim Rangieren der Güterwaggons, die Rollfuhrwerke und auch die Gewalttätigkeiten betrunkener Schauerleute und Matrosen bereiteten ihnen nicht zu Unrecht einige Sorgen.
Aber war nicht auch Onkel Artur jahrelang Anteilseigner eines Speichers gewesen? Der Hafen hatte eine magische Anziehungskraft.
Wir stromerten ziellos im Gelände umher, gingen bis über die Reichsbahnbrücke und befanden uns plötzlich im Holzhafen. So weit waren wir noch nie gegangen, und wir betrachteten hell begeistert die hohen aufgestapelten Bretterhalden. Wir kletterten an überstehenden Latten bis in die oberste Lage hinauf, wo so manche von ihnen hinausragte und beim Betreten wie ein Sprungbrett wippte. Das gab einen Heidenspaß. Wir konnten nicht genug kriegen und federten immer kühner und toller. Aus lauter Übermut gab mir Gerhard einen Stoß, und ich flog, rutschte die ganze Höhe hinunter über die rauhen Bretterkanten auf das Straßenpflaster. Ein wahnsinniger Schmerz entwikkelte sich im Oberschenkel, der auf einer breiten Bahn blutig aufgerissen war. Gerhard kam zögernd zu mir, und besinnungslos vor Wut und Schmerz begann ich ihn mit den Fäusten zu verkloppen. Seine Gegenwehr war schuldbewußt schwach, als ich mit der Faust einen Volltreffer in sein Auge landen konnte.

Nun wimmerten wir beide. Sein Augapfel war blutunterlaufen. Oh Schreck, was werden die Eltern sagen, war unser nächster Gedanke. Lädiert strebten wir zu einer vollen Regentonne an der Schuppenwand, tauchten ein Taschentuch in das Wasser und kühlten eine Stunde gegenseitig unsere Wunden. Gerhards Auge wurde bald ganz passabel; die letzte Rötung wollten wir mit einem ins Auge geflogenen Insekt erklären. Aber, au weia, mein Oberschenkel sah zum Fürchten aus, und das Sommerkleidchen war so kurz, daß es die große Wunde kaum bedeckte.
Wir beendeten unsere gegenseitigen Samariterdienste und schlichen nach Hause, denn in dreißig Minuten würde vom Schloßturm der Abendchoral erklingen, bei dem wir spätestens daheim sein mußten.
Die Zeit der täglichen Fußwaschung näherte sich. Mutter meckerte schon vorher: »Zupf' nicht immer an deinem Kleid herum. Was ist das nur wieder für eine neue Angewohnheit?« Wir versuchten ohne Waschung ins Bett zu schlüpfen und beteuerten hoch und heilig, die Füße unterwegs an einem Wasserhydranten gereinigt zu haben. Aber das Unheil nahm seinen Lauf. Die große weiße Emailleschüssel wurde mit heißem Wasser gefüllt und Mutter entdeckte erschrocken das zerschundene Bein. Es sah so schlimm aus, daß die Angst, ich hätte umkommen können, größer war als jeder Gedanke an ein Strafgericht. Gerhard bekam nur geringfügige Schelte und Ermahnung – ich aus der einfachen Hausapotheke einen Schuß Wasserstoff zur Desinfektion über den Oberschenkel, und Vater pinselte sorgfältig Jodtinktur in die Wunde. Mir rannen vor Schmerzen und Brennen die Tränen über die Wangen. Ich biß die Zähne zusammen, um nicht durch Schreie doch noch ein heftiges Strafgericht über uns beide ergehen zu lassen.
Zu allem Überfluß enthüllte Gerhard, daß die Ausrede

vom ins Auge geflogenen Insekt in Wirklichkeit ein Faustschlag von Dorchen gewesen sei.

Die Wahl

Es waren überhaupt die Jahre der Geheimnistuerei. Mit großem Rummel fanden am 5. März 1933 die Wahlen für den künftigen Reichstag des deutschen Volkes statt. Zu wählen galt es zwischen der KPD, der SPD, dem Zentrum und den Nationalsozialisten; diese gewannen eine große Mehrheit.
Ich war sieben Jahre alt und ganz stolz, als Pappi und Mutti mit zwei Abzeichen aus Blech, das jeder Wähler im Wahllokal nach der Stimmabgabe erhielt, zu uns ins Freie traten. Beide waren irgendwie verärgert, und als wir erfreut um die »schönen« Abzeichen baten, erhielten wir ein schroffes »Nein«.
Zu unserem Erstaunen wanderten die begehrten Nadeln zu Hause sofort in die Tiefe des Mülleimers.

Mein Pappi und der Schupo

Es muß sich in den Jahren 1932/33 abgespielt haben. Unsere ganze Familie: Vater, Mutter, Gerhard und ich, lehnten nach dem Mittagessen, mit dicken Sofakissen unter den Ellenbogen, aus den beiden Wohnzimmerfenstern, die auf den Gesekusplatz führten. Wir hielten unsere Mittagspause und beobachteten das Straßenleben.

Plötzlich wurde Vater ganz aufgeregt und empörte sich gegenüber Mutter über einen kräftigen jungen Mann, der ein Fräulein, das vorüberging, in den gegenüberliegenden Hausflur drängte.
»Nicht doch, Georg. Aber nein, das geht dich nichts an . . . Wenn dir dabei etwas passiert . . .!«
Vater war nicht zu halten, raste unsere zwei Stockwerke auf die Straße hinunter, sauste um die Ecke zum Kaiser-Wilhelm-Platz und kam mit einem Schupo, der mit einer blauen Uniform und schwarzen Stiefeln bekleidet war, auf dem Kopf den Tschako, zu jener bewußten Haustür. Der Staatsdiener öffnete sie rasch, und beide verschwanden im Hausflur.
War das aufregend und spannend! Was passierte dort nur? Nach einer endlos scheinenden Weile erschien Vater, blaß und nervös, danach der Schupo, den jungen Mann im festen Griff abführend, das junge Mädchen bedrückt neben ihnen. Was wirklich geschehen war, erfuhren wir Kinder, die sofort zum Spielen auf den Paradeplatz geschickt wurden, nie. Aber wir waren sicher, daß sich dort etwas ganz Verwerfliches abgespielt haben mußte.
Einige Tage später bekam unser Pappi eine Vorladung, vor dem Gericht als Zeuge zu erscheinen. Vater zog sich an zwei Tagen feierlich an, um vor den ehrwürdigen Richter zu treten. Was für einen klugen, aufrechten Pappi wir doch hatten.
Jene Zeiten des Umbruchs, der Arbeitslosigkeit waren voller Unruhe, Gewalt und Unrecht. Jetzt holte mich Vater öfter mittags von der Simon-Dach-Schule auf der Oberlaak ab. Ein paar Meter von unserem Schulgebäude entfernt befand sich das Arbeitsamt, wo sich Hunderte von verelendeten Menschen täglich ihr Stempelgeld abholten. Das war ein Kampfrevier für Reaktionäre, Rotfront und Nazis. Es wurde geprügelt, gesoffen und manch ein Bürger angefallen.

Im angrenzenden Volkspark, den wir unter strengstem Verbot der Eltern nicht betreten durften, spielten sich sexuelle Verfehlungen und andere Untaten ab.
Eines Tages erschien eine Jugendfürsorgerin in unserer Klasse des zweiten Schuljahres und untersuchte unsere Köpfe mit zwei langen Schiefergriffeln auf Läuse. Und – oh Schreck, die ganze Klasse war verlaust. Bei einigen wimmelte es von Ungeziefer, andere hatten erst zwei oder drei dieser Viecher. Jetzt begann in jedem Haushalt die Kopfwäsche mit »Kuprex«, einem scharfen Kopfläusemittel. Die Kindertränen kullerten nicht nur aus Scham, sondern auch wegen des brennenden Schmerzes. Mutter mußte das Mittel am anderen Ende der Stadt kaufen, damit die nähere Umgebung von dieser Schande nichts erfuhr. In der Schule wurden die langen Zöpfe der Mädchen an den Ohren zu Schnecken hochgesteckt oder als Dutt auf dem Kopf. Bei der Nachuntersuchung nach zwei Monaten war die Klasse außer einer Schülerin läusefrei. Diese kam auf eine isoliert gestellte »Lausebank«.
Es dauerte nicht lange, da erschien die gefürchtete Amtsdame wieder in der Klasse. Sie wisperte wichtigtuerisch mit unserem Fräulein Hallervorden: »Ja, wenn ich es ihnen sage ... Schlüpfer runter, geguckt ... Geld ... dreimal schon ...« Unverständliche Wortfetzen. Eine Schulkameradin wurde aufgerufen und rausgeführt. Nach einer Stunde erschien sie wieder, vollkommen verweint und verängstigt. Danach fehlte sie für drei oder vier Wochen. Sie war einem Sittenverderber in die Hände gefallen, der ihr den Schlüpfer ausgezogen, sie unsittlich berührt und ihr dafür zweimal 20 Pfennige und einmal 50 Pfennige bezahlt hatte. Unser Fräulein Hallervorden hatte die heikle Aufgabe, uns vor solchen Triebtätern zu warnen. Aber wie?? In der damaligen, sehr prüden Zeit konnte man Unterleibsdinge nicht mit Namen benennen, sie existierten einfach nicht.

Ich fand es total blöde, daß Schlüpfer-Ausziehen ganz schlimm sein sollte. Ich zog sie zu Hause vor dem Baden, zusammen mit meinem anderthalb Jahre älteren Bruder in der Zinkwanne, doch auch immer aus. Außerdem gab's bei mir nichts zu gucken, und Gerhard hatte seinen Pipimax, mit dem er so lustig hoch im Bogen an den Baum pinkeln konnte.
Oh, diese Erwachsenen! Aber die Eltern zeigten sich sehr böse und beunruhigt.

Kleine und große Sammlerfreuden

Wir waren eine echte Jäger- und Sammlerfamilie, doch ohne Pfeil und Bogen oder gar Gewehr. Unsere Jagd galt Heilkräutern, Erbsen, Briefmarken, Zigarettenbildern, Pilzen, Beeren und Blumen.

Die Linsensocken

Gerhard und ich trieben uns wieder einmal im alten Speicherviertel in der Bohlwerksgasse und Lastadienstraße umher. Ich liebte wahnsinnig den scharfen Pfeffergeruch, den Duft von unbekannten Gewürzen und hielt mich gerne in den kleinen Gassen auf, in denen ein alter kurioser Kauz eine winzige Speicherkammer als Behausung hatte. Bei schönem Wetter saß er auf einem Schemel vor der Holzlattentür und bewachte seine beiden Vogelkäfige, die an Nägeln der Speicherwand hingen. An seinem Stubenfenster innen waren kahle Äste in Blumentöpfe gesteckt, auf denen viele bunte Vögel umherhüpften und zu Flügen im ärmlichen Raum starteten und landeten. Alles war mit Vogelmist besprenkelt: das karierte Bettzeug, der kleine

wachstuchbedeckte Tisch und das Fensterbrett. Er liebte sie und wußte genau, wie das Land, das Schiff und der Matrose hießen, wo jeder Vogel herkam.
Auf der Drehscheibe am Hafen standen zwei von Hülsenfrüchten entladene Waggons. Wir kletterten gerne in die Güterwagen und träumten uns in weite Fernen. Diesmal wurden wir mit gelben, getrockneten Erbsen fündig. Aus undichten Säcken waren sie in die Bodenritzen zwischen die Bretter gefallen. Einzeln puhlten wir sie mit den Fingern heraus und füllten Gerhards Hosentaschen und unsere zusammengeknoteten Taschentücher. Als wir, vollbeladen, unsere Beute nach Hause tragen wollten, kam mir die Idee, ob wohl der andere Waggon genau so »fruchtbar« wäre. Gerhard mit seinen vollen Taschen blieb draußen, die Erbsen fielen ja schon beim vorsichtigen Gehen heraus. Ein Indianergeheul, ich hatte Linsen entdeckt. Was tun? Nichts wie Strümpfe aus!
Zwei strammgefüllte »Linsensocken« brachten wir nach Hause. Zuerst war Mutter schockiert: »Ihr seid doch keine Bettelkinder.« Wir waren aber so begeistert, eine Mittagsmahlzeit aus eigener Kraft für die Familie herangeschafft zu haben, daß sich schließlich auch Mutter freute.

Die Kamille

Mit unseren Kamillenstauden kamen wir ein andermal bei Vater gar nicht gut an. Zwischen stillgelegten Bahngeleisen, weit hinten an der großen Eisenbahnbrücke, fanden wir sie. Echte Kamille, mit den hohlen gelben Köpfen, so wie es Vater uns gezeigt hatte, stand mitten in der Stadt! Wo gab es das schon? Ein verrostetes Schild neben den Schienen: »Geleise betreten verboten«, ließ in uns den Entschluß reifen, nicht in zeitraubender Kleinarbeit die einzelnen Blüten zu pflücken, sondern die ganzen Pflanzen mit Stumpf und Stiel auszureißen. Vier große Bündel knoteten wir mit Bindfaden aus Gerhards unergründli-

chem Hosentascheninventar zusammen, und jeder hängte sich zwei über die Schulter. Unterwegs sahen sich die Menschen erstaunt nach uns um. Solche Blumensträuße hatten sie wohl noch nie gesehen.
Vater öffnete. Zuerst war er sprachlos, dann brach ein Donnerwetter auf uns nieder: »Wie könnt ihr es wagen, so bedreckt und bekrümelt wie Zigeuner durch die Stadt zu laufen!? Wenn euch eine Kundin von mir gesehen hätte. Nicht auszudenken. Diese Blamage!« Wir wurden in die Küche geschubst. »Da, Mutter, sieh dir diese Bälger an.« Nun kamen uns die Tränen. Wir hatten es so gut gemeint: damit wir im Winter die guten Kamillendämpfe gegen den Schnupfen machen könnten. Mutter hatte Verständnis und half uns, die Blüten abzuzupfen. Seine momentane Heftigkeit bedauernd, kam Vater besänftigend hinzu. Niemals vergaßen sie, im folgenden Winter, wenn einer unter dem großen Badelaken die heißen heilenden Kamilledämpfe einatmete, ihre fleißigen Sammler zu loben.

Zigarettenbilder und Stoffblumen

Seit die Zigarettenfirmen den Kunden zu umwerben anfingen, gab es in vielen Familien Sortenprobleme. Marke »Juno« legte Zigarettenbildchen für Sammler bei. Eine Zeitlang waren es »Die schönsten Frauen der Welt«, auf die Vater scharf war, später »Autobilder«, die Gerhard mochte. Eine andere Firma hatte kleine »Stoffblumen und Schmetterlinge« als Anreiz beigepackt. Da waren die Frauen in ihrem Element. Röcke, Blusen und Sofakissen wurden mit ihnen verziert. Bei »R 6« gab es Bildergutscheine für interessante Serien: »Bunte Uniformen«, »Malerei«, »Leben in zwei Jahrhunderten«, »Die Olympischen Spiele«.
Gegen eine geringe Gebühr konnte man sich ein informatives, fest gebundenes Sammelalbum dazu bestellen. Meistens entschieden sich unsere Eltern für die Marke

»R 6«, wegen ihrer guten Qualität und der besten Zugabebilder.
Als 1936 die Bilder von der Olympiade erschienen, sah man überall die eifrigen Bildertauscher, nicht nur unter den Kindern. Onkel Walter behämmerten wir in jener Zeit, von seiner »Aus gutem Grund ist Juno rund« auf die »R 6«-Zigarette umzusteigen, was er uns zuliebe ein Jahr durchhielt, obgleich es für dasselbe Geld nur fünf Zigaretten in einer Packung gab statt der sechs bei Juno.

Onkel Paulus

»Die, wo studieren und schwer lernen, werden am Kopp operiert.« (Aus den ostpreußischen Vertellkes von Marion Lind.)
Das war unser Onkel Paulus, ein Vetter meines Vaters. Er hatte zu Ende studiert und saß über seiner Doktorarbeit. Ein echter Demokrat, der den Anfängen des Hitlerregimes mit Mißtrauen und Ablehnung begegnete. Er war für uns eine Respekt einflößende, geheimnisumwitterte Person. Er studierte an unserer Albertus-Universität und ließ sich nie zu einem Scherz mit uns Kindern herab. Überhaupt sahen wir ihn selten, und dann war er wie von einer gläsernen Aura umhüllt.
Eines Tages, nach der Ernennung Adolf Hitlers zum Reichskanzler des deutschen Volkes am 30. Januar 1933, erschien Onkel Paulus plötzlich in unserer Wohnung am Gesekusplatz Nr. 6 und wollte mit unserem Vater unter vier Augen sprechen. Wir Kinder wurden aus dem Zimmer geschickt, und soviel wir auch mit gespitzten Ohren lauschten, hörten wir nur belanglose, für uns unverständ-

liche Wortfetzen wie: . . . abgelehnt . . . Doktorarbeit . . . nicht konform . . . Reaktionär . . . Ein Schleier voller Geheimnisse. Später, als ich vierzehn Jahre alt war und die Distanzierung unserer Familie zum braunen Regime anfing zu begreifen, erzählte mir Vater, daß des Onkels erste Doktorarbeit, die gegen die politischen Strömungen der NS-Zeit opponierte, abgelehnt worden war und Paulus sich bespitzelt fühlte. Er suchte bei Vater fachlichen Rat über das Thema »Die Entwicklung des Rauchwarenhandels im Osten«. – Danach sahen wir ihn persönlich nie wieder, er war untergetaucht, und nur die Erwachsenen tauschten heimlich einige Nachrichten aus.

Prügelstrafe

»Eine richtige Tracht Prügel, zur richtigen Zeit, hat noch niemandem geschadet.«
Heute dürfte man das Thema Prügel und Strafe überhaupt nicht zur Diskussion stellen. Damals gehörten sie zur Kindererziehung. Und wenn ich mir unsere häuslichen kleinen Strafexerzitien in Erinnerung rufe, glaube ich, daß sie mir eher genützt als geschadet haben.
»Die Hosen strammziehen«, »Eine vertachteln« »Ein Sturnickel« (Stoß in den Nacken, die Seite), »Mutzkopp« (Ohrfeige, Kopfnuß).

»Gefroren hat es heuer,
noch gar kein festes Eis.
Ein Büblein steht am Weiher
und spricht so zu sich leis:
Ich muß es einmal wagen,

das Eis, das muß doch tragen,
wer weiß, wer weiß, wer weiß.

Das Büblein stampft und hacket
mit seinem Stiefelein,
das Eis, das bricht und knacket
und plumps, da fiel's hinein.
Wär' nicht ein Mann gekommen,
hätt' sich ein Herz genommen,
der packt es bei dem Schopfe
und zieht es dann heraus.
Der Vater hat's geklopfet,
nach Haus, nach Haus, nach Haus.«

Geklopfet! Die Erinnerung an Mutters großes Strafgericht mit dem geflochtenen Rohrteppichklopfer. Er wurde selten benutzt, vielleicht vier- oder fünf Mal in meiner Kinderzeit. Meist bekamen wir bei kleinen Frechheiten oder Ungehorsam einen Mutzkopp. Das genügte, um den Ernst der Lage zu signalisieren. Die schweigende Nichtbeachtung und die Überwindung zur Abbitte und Verzeihung danach waren viel schwieriger zu meistern.
Wenn der Klopfer in Aktion trat, dann regelmäßig bei beiden. Einer bekam die Strafe fürs Petzen, der andere für die Unart. Gerhard wurden seine schwarzen Manchesterhosen stramm gezogen, und Mutter drosch mit hochrotem Kopf auf sein Hinterteil. Er schrie wie am Spieß, als ob man ihm den Kopf abrisse. Ich kam als zweite dran. Das Röckchen hochgehoben, vollzog Mutter mit gleicher Intensität ihr Strafgericht auf meinem Popo. Aus Trotz kam nie ein Schrei über meine Lippen, was sie bis zur Weißglut trieb. Außerdem empfand ich auch nicht sonderliche Schmerzen dabei, weil der Rohrklopfer immer so leicht hochhopste. Gerhard hatte einfach eine Schau abgezogen.

Ernst wurde es erst, wenn Vater, und das hatte er zweimal in seinem Leben getan, den Haselnußstock, mit dem Felle gegen Mottenbefall in seinem Pelzlager geklopft wurden, aus der Werkstatt holte und uns einige überzog. Jeder Stockhieb brannte und schmerzte fürchterlich. Fünf Hiebe, und wir vermeinten die Hölle gespürt zu haben.
Einmal mußte Bruder Gerhard ganz allein dran glauben. Als Sechsjährigem baumelte ihm ein Milchzahn vorne lose im Gaumen. Er stellte sich total pimplig an. Er aß nicht, er jammerte nur. Vater riß wegen solch einer Lapalie die Geduld, und er wollte, so wie ich es bei mir immer selber tat, den lockeren Zahn aus dem Gaumen drehen. Gerhard wehrte sich, stieß mit den Füßen, kratzte mit den Nägeln. Und da schnappte Vater den Haselnußstock und ließ ihn gnadenlos auf Gerhards Rücken sausen, daß der Zahn beim Aufheulen ganz von selbst aus dem Mund fiel.
Beim zweiten Strafgericht drei Jahre später traf es uns beide. Gerhard saß auf einem der mit Leder gepolsterten teuren Wohnzimmerstühle, an dem ich nicht vorbeigehen konnte, weil er keinen Zwischenraum zur Wand freiließ. Gerhard rührte sich nicht. Da beschloß ich, mit meinen mit Eisenspitzen beschlagenen Straßenschuhen zwischen seinem Rücken und der Stuhllehne hinüberzusteigen. Er machte sich extra dick und breit, ließ mir keinen Spielraum, und ratsch, riß ich mit der Eisenspitze eine Lederzunge heraus. Das gab die letzte Abreibung für Gerhard und für mich, die einzigste, die ich mein ganzes Leben lang nicht vergaß. Besonders auch deshalb, weil mein Vater immer der gutmütigste, beste Kamerad für uns Kinder war.
In der Schule regierte hin und wieder der Rohrstock. Es galt, die Hand auszustrecken, und der Lehrer strafte mit bis zu zehn Schlägen auf die Fingerspitzen für das Abschreiben, Zuspätkommen, Schwatzen, Papier auf den Schulhof werfen, Lügen und andere Schulsünden.
War der Rohrstock zerbrochen, mußte der Delinquent sel-

ber für 50 Pfennige einen Stock kaufen gehen, seine Strafe einstecken und die Scham aushalten, daß der Stock auf seinen Namen getauft wurde.
Je größer wir wurden, desto mehr entfielen natürlich körperliche Züchtigungen. Aber einmal erwischte mich von der Hand Fräulein Raabes, unserer Klassenlehrerin in der Kneiphöfischen Mädchenmittelschule, ungerechter Weise ein harter Schlag auf die Schorfstellen der zweiten Pokkenimpfung, so daß diese abfielen und der Arm blutete. Nach einem Waldlauf im Schullandheim Neuhäuser sollten wir schweigend in das Ferienhaus zurückkehren. Irgendeine Schulkameradin vor mir unterhielt sich mit ihrer Freundin. Wie ein Habicht schoß Fräulein Raabe nach vorne, knallte mir mit ihrer knochigen Hand eine Ohrfeige, glitt ab und gelangte so an die Pocken. Sie hatte sich geirrt und war selber sehr erschrocken über das Unheil, das sie angerichtet hatte. Und ich kostete ihr Schuldgefühl genüßlich aus. So schlimm schmerzten die Pockenstellen nicht, wie ich es aus Rache vorgab.

Die Altstädtische Kirche

Dicht neben dem Paradeplatz lag die Altstädtische Kirche. Sonntags besuchten wir dort um elf Uhr den Kindergottesdienst. Ich war stolz, nicht in die »Babygruppe« zu kommen, sondern zu den Sechs- bis Zehnjährigen. Mädchen und Jungen saßen getrennt in den Bänken, wenn der Herr Pfarrer seine Predigt hielt. Wir lernten das Vaterunser, das Glaubensbekenntnis, die Zehn Gebote, viele Kirchenlieder und die Heilsgeschichten von unserem Herrn Jesu. Hatten wir die Kindersonntagspredigt gehört, wurden

wir, in verschiedene Altersgruppen zusammengefaßt, über die Bedeutung der Gleichnisse und Geschehnisse für unser tägliches Leben aufgeklärt.
Das liebte ich genau so wie das Kindersonntagsblättchen mit den frommen Fortsetzungsgeschichten. Dem kleinen Pappmaché-Negerknaben auf dem Geldsammelkasten steckte ich einige Pfennige von meinem Taschengeld hinein, der dafür mit gefalteten Händen dankbar den Kopf neigte.
Am schönsten waren der Ausgangschoral, den ich bald mitsingen konnte, und die Zeremonie der ausgebreiteten segnenden Arme und Hände unseres Herrn Pfarrers. Seinen Halbgesang: »Der Herr segne und behüte dich, der Herr lasse leuchten sein Angesicht über dir und gebe dir Frieden. Amen«, unterstrich er, mit großer Gestik ein Kreuz schlagend, und entließ uns in den Sonnenschein der sonntäglichen Straße.
Am Karfreitag spielte die Orgel besonders feierlich:

»O Haupt voll Blut und Wunden,
voll Schmerz und voller Hohn . . .«

daß ich meinte, sterben zu müssen, und mir wünschte, spätestens bei meiner Konfirmation in der Kirche tot umzufallen.
Als ich etwas größer wurde, geriet ich in Konflikt mit dem christlichen Glauben und der nationalsozialistischen Einstellung in der Schule und bei den Jungmädeln. Die Fragen: »War Jesus ein Jude?« – »Haben Juden Christus getötet?« – »Sind Juden abzulehnen?« konnte, wollte oder durfte mir auch der Pfarrer nicht beantworten. Meine Zweifel und Bedrängnisse wuchsen. Immer lauter und deutlicher begann eine Hetzkampagne gegen die Juden. Unser Hauswirt Herr Frühling zum Beispiel war ein so lieber Mensch. Ging er am Sonnabend auf den Altstädtischen Wochenmarkt und kam mit Tüten beladen zurück,

schenkte er uns, wenn wir gerade unten spielten, Kirschen, die wir als Bommel über die Ohren hängten, oder Aprikosen und Äpfel. Immer hatte er ein freundliches Wort. Was sollte an ihm so anders sein? Warum fingen die Nationalsozialisten diese Menschen zu schmähen an? Auf unseren Herrn Frühling ließen wir gar nichts kommen. Die bösen Hetzer müßten ihn nur kennenlernen, dann würden sie ihn genauso gerne mögen wir wir.

Hier können Familien Kaffee kochen

Im Sommer, an Großmutters Geburtstag, traf sich die Sippschaft auf dem Altstädtischen Friedhof. Es ging nicht besonders traurig zu. Man erinnerte sich an viel Gemeinsames, beschnitt die beiden Stammrosen, zupfte Unkraut, berief uns Kinder, nicht zwischen den Gräbern, sondern auf den Wegen zu spielen. Die Frauen holten Gießkannen voll Wasser, begossen die Grabblumen, und wir Kinder durften harken. Das ganze Umfeld wurde von uns mit Begeisterung voller Muster versehen.
Endlich brachen die Erwachsenen in das Lokal »Neue Welt« auf, wo jeder gegen eine Gebühr von 5 bis 10 Pfennigen pro Tasse von mitgebrachten gemahlenen Bohnen Kaffee aufbrühen lassen konnte. Man bestellte die Tassenmenge, diese wurde in einer weißen Emaillekanne an den Tisch gebracht. Oft waren Tütchen und Brühmenge verwechselt worden, und es gab »Plurre«. Kuchen hatten die Frauen von zu Hause mitgenommen, wir Kinder bekamen ein Glas Saftwasser. Bei besonderen Totengedenktagen gab es kaum Platz. Eine Zweimannkapelle, Akkordeon und Klavier, sorgte für Stimmung. Meine Cousins

und wir konnten im großen Kaffeegarten wunderbar spielen.
Auf dem Heimweg wurde beim Bärenfang-Stehausschank Wagnerstraße, Ecke Steindamm, von den Männern ein Schnapspäuschen eingelegt. Die Frauen sahen das nicht gern. Dieses Honigschnapsgebräu stieg, selbst bei kleinen Mengen, rasch zu Kopf. Vater vertrug ihn überhaupt nicht, und nach drei Gläschen wurde ihm schlecht. Aber Onkel Willy, Großvater und Onkel Artur kippten ihn gerne.
Am Totensonntag pilgerte man wieder zum Grab. Schwarze lange Menschenströme zogen ihre Spuren durch den Schnee. An den Friedhofsgittertoren standen, in schwarze Umhänge gehüllt, frierend die Kurrendesänger, meist Waisenkinder, und trugen fromme Lieder vor. Fast jeder Besucher spendete etwas in ihre Sammelbüchsen. Es war für Anschaffung von Kleidung und kleine Weihnachtsfreuden gedacht. Manchmal begleiteten ein oder zwei Bläser den Gesang. Ein Pfarrer stand dabei, der Witwen Trost zusprach.
Jede Familie hatte ein Grabgebinde für Großmutter gebracht. Diesmal war Großvater zu Hause geblieben, die Stimmung stiller und ernster, der Aufenthalt am Grabe kürzer und der Kaffeebesuch in der »Neuen Welt« nur ein Aufwärmen. Der Bärenfang wurde verschmäht, Ecke Steindamm trennten sich die Geschwister, Onkel, Tanten und Kinder, jeder strebte zum geheizten Kachelofen in seine Wohnung.

Capsella-Bursa-Pastoris

Das Hirtentäschelkraut, und Taraxacum officinale, Löwenzahn, und Viola odorata, Märzveilchen . . . zwei sehr

liebe Menschen erschlossen mir die Schönheit der Natur, mein Vater und der Biologielehrer, Herr Krewald.
Wenn wir durch Wälder und Wiesen wanderten, erklärte uns Vater die Vögel, Bäume und Pflanzen. Das große doppelbändige »Schmeils Naturkundebuch« hatte ich zu Hause stundenlang betrachtet, und dort tauchten sie alle auf, die Namen, die er unterwegs beim Pflücken der Wiesenblumen in Deutsch und Lateinisch nannte. Nie war es eine Belehrung, die mich diese Benennungen behalten ließ, sondern die Freude an den zungenbrecherischen, ulkig klingenden lateinischen Rhythmen. Capsélla Búrsa Pastóris mußte einfach in Hüpfer umgesetzt werden.
Die giftigen, farbenfrohen Pilze, die wir stehen ließen, und die Butterpilze, Pfifferlinge, Maronen, die am Abend von Mutter zu einem leckeren Gericht bereitet wurden, machten uns zu Hänsel und Gretel.
Die Zeit der Blaubeeren und Walderdbeeren, die, mit Zucker bestreut oder Milch übergossen, so herrlich zum Butterbrot schmeckten, die herrlichen Blumensträuße mit Wiesenknopf, Küchenschelle, Gundermann, Goldnessel, Akelei und Margeriten, die unsere Wohnung schmückten, verbanden sich mit unvergeßlichen glücklichen Sommertagen. Vater hatte uns aus Borkenstücken kleine Boote geschnitzt, mit ein, zwei, manchmal sogar mit drei Ruderbänken. Die Eicheln mit Stiel waren unsere Phantasiepfeifchen, die Kastanien wurden zu Körben, wilden Tieren, großen und kleinen Menschen, durch Streichhölzer zusammengehalten.
Nur die Maiglöckchen waren Vaters ureigenstes Revier. Wir konnten schon deshalb nicht mit, weil wir keine Fahrräder besaßen. Am Sonntag stand Vater früh um sechs Uhr auf, um mit seinem Fahrrad nach »Großraum« in sein erkundetes Revier zu radeln. Er kannte die geheimen Plätzchen, wo sie im mückenreichen feuchten Waldgebiet wuchsen. Mutter half Vater bei seinen wunder-

lichen Vorbereitungen. Um seine Waden unter den Sportkniestrümpfen wickelten sie Seidenpapier. Für die Auspolsterung der Breecheshose nahm er Zeitungspapier mit, und unter dem Oberhemd und in den Ärmeln befestigten sie wieder Seidenpapier. Ein Stück Küchenscheibengardine als Mückenschleier steckte er ein, um sie im Wald unter der Sportmütze über Gesicht und Nacken zu tragen.

Die Fahrt war lang, und Mutter hatte ihm ein kleines Fläschchen gesüßten schwarzen Kaffee und Brote eingepackt. Leere größere Blechdosen für die Blumen kamen auf den Gepäckträger. In diese Schachteln legte er nasses Moos und bettete darauf die gepflückten Maiglöckchen, die er taufrisch nach Hause brachte.

Welch ein Duft durchströmte unsere Wohnung! Am Montag morgen nahm Vater für sein Geschäft und seine besten, vertrauten Angestellten kleine Sträuße mit.

Erst mit dreizehn Jahren bekamen wir Kinder Fahrräder. Bis dahin mußten wir unseren Wunsch, Vater in sein geheimes Maiglöckchenrevier zu begleiten, zurückstellen. Mutter hatte gleich beim ersten Versuch, auf das Rad zu steigen, es als »gefährliches« Beförderungsmittel abgelehnt. Sie war 1899 geboren, stammte aus der sogenannten guten alten Zeit der Haustöchter, die wunderbare Handarbeiten machten und gesittet spazierengingen.

Erste Stunde »Biologie« stand auf dem Stundenplan. Herr Krewald mußte ebenfalls einen naturkundlichen Sonntagsausflug gemacht haben. Seine Ausbeute sahen wir im Wassereimer vor der Klassentüre stehen. Das waren nicht nur zierliche Wohnzimmervasenblumen, nein, manches konnte man regelrecht Gestrüpp nennen, und der langstielige Rainfarn stank ja direkt. Bündel wilder Hundskamille, Schafgarbe, Ackersenf und sonstige bekannte und unbekannte Strempel warteten auf die Bestimmung ihrer Erkennungsmerkmale durch uns Schülerinnen. Ich ent-

deckte das lustige Hirtentäschelkraut mit den dreieckigen, herzförmigen Früchten, zupfte es aus dem Eimer und brachte Vaters Capsella-Bursa-Pastoris an. Erstaunt schob Herr Krewald seine Halbbrille ganz nach vorne auf die Nasenspitze, zog sein Taschenzensurenbüchlein und notierte einen Einser.
Hatte den nicht eigentlich Vater verdient? Ich konnte von dieser Glanzleistung lange zehren.

Der Sonntag gehört der Familie

Unser Familiensinn war sehr groß. Wir strebten nicht nach außen fort, sondern fanden uns zusammen. Der große Eßtisch, Familientisch, Spieltisch, Schularbeitstisch versammelte uns täglich um sich. Sorgen, Nöte, Ärgernisse, Freuden, Lachen und Tränen hat er genug erlebt.
Am schönsten waren die Sonntage, wenn wir bei Gesellschaftsspielen um ihn herumsaßen und bei Halma, Dame, Mühle, Domino, Würfel- und Buchstabenspiel, bei Geschicklichkeitsstäbchen um Siege fochten. Es waren vor allem die Winterabende oder Regentage, die uns zu Hause fesselten und nie Langeweile aufkommen ließen. Selten besuchten wir Kino oder Theater. In den ersten Jahren des Geschäftsaufbaues war das Geld zu knapp, und in den Kriegszeiten wollten wir so viel wie möglich zusammensein. Mutter war unsre leibliche Verwöhnerin. Zu den Sonntagen zauberte sie sogar in den Notzeiten einen Pulverkuchen auf den Kaffeetisch. Vater spendierte zum Abendbrot einen geräucherten Hering, möglichst mit Rogen, oder geräucherte Sprotten.
Manchmal besuchten wir Vaters Schwester, Tante Lott-

chen mit Botho und Lothar. Dort gab es regelmäßig ein großes Blech wunderbaren Streuselkuchen. Keiner konnte ihn so locker und mit so viel Belag backen wie das Tantchen. Wir vier Kinder spielten in der Dinterstraße Verstecken oder Fußball und probierten Lothars neues Fahrrad aus. An wetterunbeständigen Sonntagen, an denen man vor Regenschauern nicht ganz sicher war, promenierten wir im Menschengewühle artig und sittsam, Gerhard und ich immer zwei Schritte den Eltern vorausgehend, um den Schloßteich, machten einen Schlenker durch die Junkerstraße, beguckten die Schaufenster, warfen einen Blick in Herrn Krügers Pelzauslagen und gingen den Steindamm an »Ebners Kaffeegeschäft« mit den hohen schlanken Glaskaffeebehältern und blanken Messinghauben vorbei nach Hause zum Gesekusplatz Nr. 6.

Luisenwahl

Versprach die Wettervorhersage in der Zeitung – einen Rundfunkapparat besaßen wir noch nicht – schönes Wetter, gingen wir nach Luisenwahl. Es galt ein ganz schönes Stück durch die Stadt zu pilgern. Den Steindamm ging's hinauf, durch die Kniprodestraße, am Walter-Simon-Platz vorbei zum Neuen Schauspielhaus, in die Hufenallee einbiegend, am Tiergarten vorbei und endlich in den Park von Luisenwahl.
Dort stießen wir ziemlich bald auf das kleine Gartenhäuschen, in dem die Königin Luise 1806 nach der Niederlage ihres Mannes, des Königs Friedrich Wilhelms III. von Preußen, auf ihrer Flucht nach Tilsit Station machte. Im eiskalten Winter, erschöpft von den Strapazen, soll sie fol-

genden Spruch mit ihrem Brillantring in die Fensterscheibe geritzt haben:

»Wer nie sein Brot mit Tränen aß,
wer nie die kummervollen Nächte
auf seinem Bette weinend saß,
der kennt euch nicht, ihr himmlischen Mächte.«
Johann Wolfgang von Goethe

Im Januar 1945 sollte dieser Spruch für Zehntausende, vor den Russen fliehende Königsberger zur gleichen tragischen Wirklichkeit werden.
Aber noch war Frieden, und wir Kinder rollten auf dem Gras der Rodelbahnwiese den Abhang hinunter. Hier und da stand ein Apfelbaum, dessen Früchte von einem rundum flanierenden Parkwächter gut bewacht wurden. Doch manchmal hatten wir Glück und fanden einen Apfel im tiefen Gras liegen.
Im Talgrund war eine gefaßte eisenhaltige Quelle, aus der wir uns »Gesundheit« antranken, obgleich das Wasser eigenartig schmeckte. Unter schattigen alten Bäumen bildeten Steinbänke ein großes Halbrund, dessen Mitte ein Steinmedaillon mit dem Portrait der Königin zierte. Die Eltern suchten sich eine sonnige Parkbank, und wir Kinder bauten im großen Sandareal Burgen und fanden auch mal ein vergessenes vergrabenes Förmchen oder Schäufelchen.

Drachensteigen

Der Herbst nahte und damit das Drachensteigen. Vater hatte sich für uns eine große Überraschung ausgedacht.

Heimlich hatte er zwei Drachen gebaut. Natürlich für Gerhard, den Jungen, einen riesigen, für mich nur einen kleinen. Diese kleinen Benachteiligungen als Mädchen ärgerten mich fürchterlich. Mädchen dürfen sich nicht schlagen, keine derben Wörter benutzen, müssen der Mutter helfen, die ausgewachsene Kleidung des älteren Bruders abtragen, nicht alleine auf die Straße gehen, nicht mit Jungen spielen und viele Dinge mehr. Nichtsdestoweniger waren beide Drachen herrlich anzusehen. Das mit Leinwand bespannte Fluggestell hatte Vater mit lustigen Clownsgesichtern bemalt und lange bunte Bindfadenpapierschwänze daran geknüpft.
Am Sonntag morgen, bei gut windigem Wetter, gingen Vater, Gerhard und ich in Richtung Luisenwahl. Mutter bereitete das Sonntagsessen. Ich konnte meinen kleinen Drachen allein tragen, Gerhard durfte nur den Schwanz von seinem halten, beim heftigen Wind hätte er ihn nicht dirigieren können. Als wir am leeren Trommelplatz vorbeikamen, versuchten wir ein erstes Flugunternehmen, weil am Sonntag keine Soldaten auf dem Platz exerzierten. Aber so viel wir auch liefen, der große Drachen stieg nur schwerfällig ein bißchen hoch, kippte kopfüber und sauste mit der Spitze zu Boden. Die elektrischen Lichtleitungen waren überdies ein gefährliches Hindernis.
Wir gingen bis nach Luisenwahl. Vater kämpfte mit dem Sturm und dem sperrigen Drachen. Knacks zerbrachen bei einer Böe zwei große Trägerlatten. Gerhard heulte los, und ich triumphierte innerlich schadenfroh: »Siehste, du oller Angeber, jetzt hast du nuscht, und ich hab meinen noch.«
Klein aber fein, wie hoch mein lustiger Vogel in die Luft über die Parkbäume von Luisenwahl stieg!! Vergessen waren alle Zwistigkeiten, mal durfte Gerhard, mal ich den Bindfaden halten und laufen und ziehen und laufen. Wir beide waren wieder ein Herz und eine Seele. Auf dem

Heimweg durfte Gerhard den kleinen Drachen tragen, Vater klemmte sich die Trümmer des großen unter den Arm. Mit riesigem Hunger fielen wir über Mutters Sonntagsessen her, immer wieder von den schönen Erlebnissen erzählend.

Die Rodelbahn

Erste Schneeflocken fielen. Der Sonntagsausflug ging diesmal mit dem Schlitten nach Luisenwahl, wo sich eine lange, mit Kurvenwällen ausgebaute Rodelbahn befand. Da sie von großen Bäumen begrenzt und auch von Bobschlitten benutzt wurde, war sie meinen Eltern zu gefährlich, und wir gingen zum Kinderhang.
Für uns war es ein ungeteiltes Vergnügen. Zu dritt, zu zweit, mit Vater oder mit Mutter sausten wir den Berg hinunter und kletterten wieder den Abhang hinauf. Dann sollte jeder einmal ganz alleine hinunterrodeln, zuerst wir Kinder, danach Vater und zum Abschluß des Tages Mutter. Sie hatte einen Hut auf, ihren schönen braunen Bisamrückenpelzmantel und zierliche Stadtschuhe in Überzuggummigaloschen an. Sie zögerte bei der Abfahrt, verstand wohl nicht, mit den Füßen zu steuern. Beim ersten kleinen Huckel kippte der Schlitten um, und Mutter rutschte auf dem Rücken, Kopf voraus, Beine zur Höhe, auf ihrem glatten Pelzmantel, unter dem Gelächter der Zuschauer, den Hang hinunter. Sie konnte einfach keinen Halt finden. Fröhlich sammelten wir Schlitten und Muttis Hut ein. Pikiert trat sie mit uns den Heimweg an.

Warum aus einem Geburtstagsgeschenk eine Weihnachtsüberraschung wurde

Unsere liebe Mutter, die so selbstlos für uns sorgte, in Notzeiten sich jede kleine Süßigkeit vom Munde absparte, die immer für uns da war, bei Krankheit am Bett saß, uns kalte Umschläge machte, den Lieblingspudding kochte . . . diese gute Mutter sollte als großes Dankeschön einen wunderbaren selbstgestickten Kaffeewärmer zu ihrem Geburtstag am 30. Oktober bekommen. Mein wöchentliches Taschengeld von 25 Pfennigen hatte ich fleißig gespart und im Juni eine schöne Stoffhülle mit nicht zuviel vorgezeichneten Blumenstickmustern gekauft. Gerne handarbeitete ich nämlich nicht und besonders nicht an den warmen Ferientagen, wo wir immer an den Oberteich zum Baden gingen.

Der Sommer zog ins Land. Langsam, ganz langsam war endlich eine Drittelstoffseite bestickt, und es herbstete. Die Tage vergingen viel zu schnell. Die Spiele auf dem Paradeplatz waren so schön, das Seilspringen, das Murmeln, Reifenkullern und Verstecken. – Nur noch 20 Tage bis zu Mutters Geburtstag. Niemals könnte ich es schaffen und verschob mein großes Dankeschön auf Weihnachten. Das würde sich bestimmt auch viel rührender unter dem Tannenbaum ausnehmen.

Ende Oktober packte mich mein schlechtes Gewissen, und ich wollte mit dem heimlichen Sticken fortfahren. Aber wo? Zu Hause ging es nicht, Mutter hätte die Überraschung entdeckt. Und das milde Sommerwetter, um im Freien zu arbeiten, war vorbei. Trotzdem tat ich Nadel, Faden, Schere und Kaffeemütze in eine Tüte, setzte mich bei empfindlicher Kälte auf eine einsame Bank am Schloßteich und mühte mich mit der Stickerei ab. Das ging so einige Nachmittage. Inzwischen kamen die ersten Fröste.

Blaugefroren, mit steifen Händen, stickte ich am letzten Drittel unter den kahlen Bäumen der Promenade. Ein Windstoß fegte die Tüte mit dem Garn auf die Erde, und als ich mich danach bückte, fiel der weiße Kaffeewärmer hinterher in den Schmutz des Sandweges. O weh, alles verdorben! Die Tränen flossen. Zu Hause war ich so ganz und gar nicht fröhlich, und Mutter sah, daß mich etwas bedrückte. »Bist du krank, hast du Schmerzen?« Ich druckste und druckste und erzählte schluchzend von meinem Pech. Wie eine gute Fee streichelte Mutter meine Wangen: »Dorchen, das macht gar nichts. Du stickst das letzte Teil hübsch zu Hause fertig. Ich sehe nichts, ich weiß nichts. Ich wasche es dir aus und vergesse alles. Die Weihnachtsüberraschung wird gerettet.«
Und wie im Märchen ging alles in Erfüllung. Ich brauchte nicht bei Frost in den kalten Anlagen zu sitzen, Mutter hatte die Kaffeehaube gewaschen und gebügelt und . . . wie besprochen . . . bis zum Fest ganz und gar vergessen.

Tod

Mutter zog sich dunkle Kleidung an, packte das Kirchengesangbuch mit Goldschnitt ein, gab uns Ermahnungen, ganz still und artig zu sein. Wir gingen zur Totenwache. Eine Verwandte war gestorben und zu Hause bis zur Beerdigung aufgebahrt. Im abgedunkelten Wohnzimmer, mit verhängten Spiegeln und Bildern, stand auf zwei Stuhlreihen der offene Sarg mit zwei dicken brennenden Kerzen am Kopfende. Die gefalteten Hände der Toten hielten Blumen und das Gesangbuch.
Auf Zehenspitzen gingen wir zu den Bänken an der Wohnzimmerwand, wo Frauen mit dunklen Hüten und Tüchern saßen und sangen. Stundenlang wurden Gebete und Psalmen gesprochen.
Zwischendurch trank oder aß man ein wenig in der Küche und wachte wieder bei der Toten.

Drei Tage lang lösten sich Bekannte und Verwandte ab. Die Tote blieb bis zum Beerdigungstag im geöffneten Sarg bei ihren Angehörigen.

»Nun ruhen alle Wälder ...«

Ein Tag voller Mühsal neigte sich dem Ende zu. Die Eltern, Bruder Gerhard und ich saßen unter der Pendellampe am Abendbrottisch, bei schwarzem Tee mit Zitrone und Butterbrot. Mutter sah sehr erschöpft aus. In der beengten Wohnung hatte sie heute große Wäsche gemacht. Wir hatten keine spezielle Küche oder gar ein Bad. Es war eine Geschäftsetage, in der Vater einen großen Verkaufsraum, eine Werkstätte für Pelze und zwei Wohnräume gemietet hatte. Von einem der Wohnräume war durch ein großes Repositorium eine Notküche mit einem zweiflammigen Gaskocher, einem Wasserhahn und einfachem Küchenausguß und einem Küchenbüfett abgeteilt.

Nacheinander brodelten drei Waschkessel mit Bett- und Leibwäsche auf der Gasflamme. Bis in den frühen Abend hinein schrubbte Mutter auf dem Rubbelbrett mit Kernseife und Wurzelbürste in einer Zinkwanne, gebückt, mit verschwitztem Gesicht und roten ausgelaugten Händen die Wäsche.

Gerhard, der Faulpelz, hatte eine Fünf in der Französischarbeit geschrieben. Es gab Schelte: »Junge, was soll bloß aus dir werden? Willst du als Ritzchenkratzer den lieben langen Tag die Straßenbahnschienen reinigen und fegen?«

Am Abend war Vater von einer Zweitagestour mit dem

Zug aus den einsamen winterlichen Wäldern Masurens, bepackt mit großen Pungeln roher Rotfuchsfelle, nach Hause gekommen. Im Winter fuhr er zu den Förstern in ihre von der Bahn abgelegenen und nur mit Pferdeschlitten erreichbaren Reviere. Das waren frostige, anstrengende Reisen. Aber er konnte den Winterpelz der Füchse aus erster Hand von den Jägern viel besser und preiswerter erwerben als später von Pelzgroßhändlern. Das war für uns sehr wichtig, denn durch die Überschwemmung des Pelzmarktes mit russischer Ware sanken die Fellpreise ins Bodenlose, und jede Möglichkeit der Einkommensverbesserung mußte genutzt werden.
Die Hektik des Tages verebbte. Auf der Straße verstummte der Verkehr, nur einzelne Straßenbahnen quietschten laut in der steilen Bergkurve vom Steindamm zum Gesekusplatz. Und dann schwebten um sieben Uhr abends durch die Dunkelheit die Bläserklänge vom Schloßturm:

»Nun ruhen alle Wälder,
Vieh, Menschen, Städt' und Felder,
es schläft die ganze Welt.
Ihr aber meine Sinnen,
auf, auf, ihr sollt beginnen,
was eurem Schöpfer wohlgefällt!«

(Text: Paul Gerhardt, 1647,
Melodie: Heinrich Isaac, 1450–1517)

Zuerst, kaum hörbar, wehte der Wind die Klänge von der Südseite des Turmes herüber, dann tönte es klar und deutlich von der westlichen Balustrade zu uns auf den Gesekusplatz, verlor sich auf der Nordseite und verklang im Osten.
Die Stadt ging schlafen.

Weihnachten

Markt und Straßen stehn verlassen,
still erleuchtet jedes Haus,
sinnend geh' ich durch die Gassen,
alles sieht so festlich aus.

An den Fenstern haben Frauen
buntes Spielzeug fromm geschmückt,
tausend Kindlein stehn und schauen,
sind so wunderbar beglückt.

Und ich wandre aus den Mauern
bis hinaus ins freie Feld,
heil'ges Glänzen, hehres Schauern,
wie so weit und still die Welt.

Sterne hoch die Kreise schlingen,
aus des Schnees Einsamkeit
steigt's wie wunderbares Singen –
O du gnadenreiche Zeit!

Joseph von Eichendorff

Die ersten Weihnachtsbäume wurden auf dem Altstädtischen Markt, am Roßgärter Markt, bei den Markthallen und auf dem Paradeplatz, wo ein kleiner Weihnachtsmarkt aufgebaut war, angeboten. Die beiden großen Marzipanhersteller in Königsberg, »Schwermer« und »Gelhaar«, lockten mit ihren verführerischen Erzeugnissen in phantasievollen Verpackungen die Kunden zum Kauf von Marzipan-Konfekt, -Kartoffeln, -Früchten, von Randmarzipan in großen Schachteln in Herzform, Schloßnachbildungen, Blumen, verziert mit kandierten Früchten. Das »Königsberger Marzipan« durfte auf keinem bunten Teller fehlen. Die kleinen Heimlichkeiten begannen. Wunschzettel wurden geschrieben. Wir Kinder lernten Weih-

nachtsgedichte, die am Heiligen Abend auswendig vorgetragen werden mußten. Gerhard sollte an diesem Fest von Eichendorff »Markt und Straßen . . .« aufsagen.
Wir leerten unsere Sparbüchsen, um für die Eltern eine Überraschung zu besorgen. Das konnte Tage dauern. Für Mutters Blumenvasenkauf liefen wir durch alle Geschäfte, von der Vorstädtischen Langgasse bis hin zu »Spirgatis«, dem größten Haushaltswarengeschäft auf dem Steindamm. Unterwegs streckten wir die Zungen heraus, um Schneeflocken darauf zergehen zu lassen.
In den Straßen sah man immer mehr wandelnde Tannenbäume. Kleine Jungen boten reichen Damen ihre Dienste an und trugen für 5 oder 10 Pfennige den gekauften Baum vom Händler in die Wohnung. Arme Kinder riefen in den Straßen und auf Plätzen Wunderkerzen aus: »Drei Päckchen für 'nen Dittchen!«
Zu Hause waren plötzlich die beiden Schlüssel vom Wohnzimmerbüfett verschwunden. Die Neugierde und Erwartung wurden unerträglich. Neuerdings brauchten wir Kinder auch nicht mehr die Kohlen aus dem Keller für die bis zur Decke reichenden weißen Kachelöfen zu holen. Da wußten wir – der Tannenbaum ist eingetroffen.
Mit Mutter durfte ich zur größten Buchhandlung Europas, »Gräfe und Unzer« am Paradeplatz, mitgehen, um ein Weihnachtsbuch für Vater auszusuchen. War das ein herrliches Geschäft! Eine ganze Ecke voller Kinderbücher. Einige lagen zum Anfassen, Blättern und Lesen auf kleinen Tischen aus. Ich war aus dem Laden gar nicht mehr fortzubringen.
Manchmal schmorten in der heißen Kachelofenröhre Bratäpfel, und Vater verlor aus seinem weißen Arbeitskittel »versehentlich« eine Wal- oder Haselnuß.
Und Gerhard konnte noch immer nicht die vierte Strophe seines Weihnachtsgedichtes!
Endlich war der Heilige Abend da. Nach Geschäftsschluß

ging unsere Familie zu Fuß die verschneite Schloßstraße, an der hohen Lichtertanne des Münzplatzes vorbei, in die Französische Straße, deren Geschäfte auch alle schon geschlossen hatten, überquerte den Roßgärter Markt, bog in die Königstraße ein, und dann klingelten wir in der Dinterstraße an Tante Lottes Wohnungstür. Bei ihr wohnte unser Großvater Otto Skopp, der am 24. Dezember Geburtstag hatte. Seine drei Kinder, Onkel Artur mit Tante Anni, unser Vater mit Mutter Gertrud und uns beiden und seine verwitwete Tochter, unser Tante Lottchen mit den Kindern Lothar und Botho, versammelten sich bei ihm, um Geburtstag und Weihnachten zu feiern.
Die Männer begannen Skat zu spielen. Die Frauen versuchten den Eßtisch, an dem jene saßen, festlich zu dekken. Am Schweinebraten, der seit drei Stunden in der Röhre im Küchenherd schmorte, begann sich die eingeschnittene Schwarte bereits zu röscher, knuspriger Kruste zu entwickeln. Wir Kinder wurden mit der großen Zwei-Liter-Milchkanne zum Bierholen in eine nahe Kneipe geschickt, und als die Frauen die Gläser auf den Tisch stellen wollten, waren die Teller, Bestecke und das Tischtuch schon wieder achtlos zur Seite geschoben.
Wir Kinder spielten mit den alten Spielsachen, ritten auf dem Schaukelpferd vom letzten Jahr und fieberten der Bescherung entgegen. Endlich war es so weit. Tante Lotte setzte sich ans Klavier, und alle bekannten Weihnachtslieder wurden gesungen. Onkel Artur war, von uns Kindern unbemerkt, verschwunden. Da bullerte es laut an die Tür, der Weihnachtsmann polterte, einen schweren Sack hinter sich herziehend, in der Hand eine große Rute, herein. Botho, unser fünfjähriger Frechdachs, verkroch sich schnell zwischen den Beinen der Erwachsenen. Jedes Kind sagte artig sein Gedicht auf. Gerhard verhaspelte sich prompt in der letzten Strophe, und Vater kniff streng seine Lippen zur Frage zusammen: »Kann das niemals glatt ab-

laufen?« Aber niemand nahm ernsthaft von der kleinen Panne Notiz, da unser Kleiner hinter den dunklen Hosenbeinen der Männer laut seinen langen Weihnachtsvers hervorbrüllte. Alle klatschten, der Weihnachtsmann öffnete seinen Sack und lockte uns Kinder heran.
Die beiden großen Jungen bekamen Plastelin-Soldaten. Einer davon konnte sogar den Arm bewegen, einer trug eine bunte Fahne und einer saß auf einem Motorrad. Botho nahm Blechfiguren zum Aufziehen entgegen, die ich auch gerne besessen hätte, aber mir brachte er ein Buch. Die Erwachsenen schenkten sich etwas Praktisches: einen Schal, Handschuhe, Strümpfe, Wäsche oder Parfüm. Großvater bekam von jedem seiner Söhne eine große Kiste Zigarren I. Auslese, die fast das ganze Jahr über reichten.
Als Vater gegen 22 Uhr mit uns zur eigenen Bescherung nach Hause gehen wollte, wurde Großvater böse, und es dauerte sehr lange, bis wir loskamen.
Müde stolperten wir die lange Königstraße hinunter. Lautlos fielen Schneeflocken zu Boden. Die letzten Weihnachtsmusikanten, die in Geschäften und an Wohnungstüren für einige Pfennige gespielt hatten, torkelten angetütelt, schräge Töne blasend, durch die menschenleeren Straßen. Hinter den Fenstern der Häuser sah man die schönsten Weihnachtsbäume. Manche waren mit bunten Kugeln und Lichtern geradezu überladen. Große Tannen, vom Fußboden bis zur Decke, oder kleine Tischbäumchen zierten die warmen Stuben, in denen die Erwachsenen speisten und Kinder mit ihren Geschenken spielten. Von der Kälte wurden wir allmählich wieder etwas munter und rätselten, was uns der Weihnachtsmann zu Hause gebracht hatte?
Mit klammen Fingern lösten wir uns aus Mänteln, Schals und Mützen. Da hörten wir im Zimmer ein Streichholz ratschen, das Knistern von Wunderkerzen. Die Türe öff-

nete sich und andächtig, starr vor Staunen, blickten wir auf unseren Baum, mit weißen brennenden Lichtern, Lametta, kleinen Watteflöckchen, mit silbrigen Stachelgirlanden umrankt, Feuersterne sprühenden Wunderkerzen und dem silberstachligen Judenstern auf der Baumspitze. Auf vier bunten Tellern leuchteten uns je ein Apfel, eine große Apfelsine, ein Schokoladenweihnachtsmann, eine Handvoll Para-, Wal- und Haselnüsse, drei bis vier Stückchen Marzipan, einige bunte Bonbons, Schokoladenplätzchen und selbstgebackene Mürbchen entgegen. Wie herrlich es duftete!

Ein »Sonne- und Regen-Büchlein«, ein Paar neue Strümpfe, ein Unterzug, ein Paar blaue Haarschleifen und ein kleines Spiel lagen auf meinem Platz. Ich schielte auf Gerhards Geschenkecke. Oh, ein »Matador«-Baukasten, ein Indianerbuch. Wir Kinder fühlten uns königlich beschenkt. Durfte ich doch mit Gerhards Sachen genau so spielen wie er mit meinen.

Mitternacht war hereingebrochen, und in die Heilige Nacht hinaus schallten vom Schloßturm in großer Bläserbesetzung die Posaunen:

»Vom Himmel hoch, da komm' ich her,
ich bring' euch gute neue Mär',
der guten Mär' bring' ich so viel,
davon ich sing'n und sagen will.«

Einige Jahre später, als es uns materiall schon sehr gut ging, bekam ich ein großes Puppenhaus mit zwei Etagen, einem Dachgarten und aufklappbarem Dach. Auf dem Dachboden befand sich eine große Batterie, die das elektrische Licht speiste. In allen Zimmern brannten zierliche Lämpchen. Mit winzigen Schaltern konnte ich die Lampen ein- und ausschalten. Im Erdgeschoß war das Puppenwohnzimmer mit originalgetreuen Nachbildungen damals gebräuchlicher Glasvitrinen, Sessel, einer Standuhr,

Tisch usw. Eine Tür führte in die Puppenküche mit Herd und Kochutensilien. Im ersten Stock befand sich das Schlafzimmer, von dem man durch eine Tür in das Badezimmer gehen konnte.
Gerhard hatte eine phänomenale Eisenbahn mit zwei Lokomotiven zum Aufziehen, Unmengen von Schienen, Weichen, Prellböcken, Signalen, Fahrkartenschalter, Richtungsanzeiger, Tunnel und Bergstrecken bekommen. Das ganze Zimmer wurde bebaut. Der Zug fuhr unter dem Büfett hindurch am großen Kachelofen vorbei, um den Tannenbaum herum zum Sessel und zur Stehlampe. Mutter protestierte, als auch der Wohnzimmertisch in den Schienenstrang einbezogen werden sollte.
Die feudalste Haltestelle war natürlich mein Puppenhaus, wo meine kleinen Puppen ein- und ausstiegen und Gerhards Soldaten zu Besuch kamen. In die kleinen Güterwaggons verluden wir Nüsse und Marzipan. Ich wurde zum Schrankenwärter ernannt. Dafür hielt Gerhard mein Puppenhaus in Ordnung. Wir ergänzten uns vortrefflich.

Onkel Walter

Onkel Walter, Mutters jüngster Bruder, war erst acht Jahre alt, als er Vater und Mutter verlor. Er kam, gemeinsam mit Fritz, dem ältesten der drei Kinder, in das städtische Waisenhaus von Königsberg. Aus dieser traurigen Zeit seiner Jugend erzählte er nie. Die drei Geschwister verloren sich vollständig aus den Augen. Das Waisenhaus fand für die Brüder, Walter war etwa fünfzehn Jahre alt, in der Zeit der großen Wirtschaftskrise einen Ausbildungsplatz in den Kohlebergwerken des Ruhrgebiets. Im Untertage-

bergbau erkrankte Onkel Walter nach zwanzigjähriger harter Arbeit an Staublunge und wurde zum Kaminkehrer umgeschult. Es zog ihn nach Königsberg, wo er hoffte, seiner Schwester wiederzubegegnen.
Etwa 1935 tauchte er, uns allen völlig fremd, in unserer Wohnung auf dem Fritz-Tschierse-Platz auf und bereicherte in seiner Art das Familienleben. Er fand als Junggeselle schnell ein Zimmer und auch ein Schornsteinfegerrevier. Jede Woche besuchte er uns und konnte vieles aus seinem Beruf erzählen. Einmal sausten Eisenkugel und Drahtbesen mitsamt dem baufälligen Oberkranz des Schornsteins in den Fleischsudkessel einer Schlachterei. Der beiderseitige Schreck wurde bei Grützwurstsuppe und Korn hinuntergespült. Die schönsten Schlafzimmereinblicke von seinen luftigen Aussichtsplattformen waren nur für Vaters Herrenohren bestimmt. Mutter behandelte oft die tiefen Risse in seinen Händen, die durch den eindringenden Ruß schwer heilten und schmerzten.
Eines Tages kam er mit dem Arm in der Binde zu Besuch. Er war vom morschen Holzsteg ein Dach hinuntergerutscht, hatte mit einem Arm an der Dachrinne Halt gefunden, wobei er ihn sich auskugelte. Nun fanden die beiden Männer öfter Zeit für das Kartenspiel 1001. Wir Kinder verfolgten mit Interesse die Partien und kannten uns in den Spielregeln aus. Wir schlichen hinter die Rücken von Onkel und Vater, kniffen die Daumen so, daß Vater aus einem miesen Blatt vielleicht doch noch einen Sieg erkämpfen könnte. Die blanke, ausrangierte Blechzigarillodose auf dem Tisch war das goldene Kalb, das gemästet werden mußte. Der Verlierer einer Partie zahlte seinen Obulus von 10 oder 20 Pfennigen in diese Büchse, und einmal im Jahr wurde ihr Inhalt zu einem gemeinsamen schönen Familienausflug benutzt. Je nach Geldmenge gab es eine Fahrt mit der Straßenbahn nach Metgethen zu dem kleinen »Wurzelhäuschen« oder einen Spaziergang zum Tierpark

mit anschließendem Kaffee für die Erwachsenen und einer Eisportion für Gerhard und mich.
Das Wuzelhäuschen liebten wir heiß. Es bestand aus der kleinen Schankstube und drei Tischen im Nebenstübchen. Die Holzwände hingen voller Hirsch- und Rehgeweihe und kunstvoller Wurzelschnitzereien des Wirtes. Zu jeder Figur erzählte er eine selbstausgedachte Geschichte. Bei vielen Wurzeln nutzte er die bizarren Verformungen zu Phantasiegestalten aus. Und jedes Jahr entdeckten wir Neuerscheinungen. Dort bestellten die Herren Schinkenbrote auf Holzbrettern, Bier und Limonade. Wir Kinder teilten uns eine mit Gurke und Tomate dekorierte Portion. Nach Bezahlung der Zeche blieben oft einige Dittchen in der »Goldkasse« zurück. Onkel und Vater kauften dafür an der Theke kleine Schokoladenstäbchen und Drops. Jetzt begann im Wald der Wettlauf, Weitwurf mit Kienäppeln und Weitsprung. Alle machten voller Ulk und Schabernack mit. So ein schöner Tag!
Onkel Walter konnte so interessant aus seiner Bergwerkszeit erzählen, einem für uns völlig fremden Metier. Wir lernten die Gefahren von Schlagwetterexplosionen kennen und die entsprechenden Verhaltensweisen, die Notwendigkeit geschlossener Grubenlampen, die Wichtigkeit der Schutzhelme bei Steinschlag. Das Leben der letzten Grubenponys machte uns traurig, und Namen wie Flöße, Hunde (Ausdruck für Grubenwagen), Steiger und Knappen erschlossen uns eine neue Welt. Ich konnte nicht genug hören, und zu Weihnachten schenkte Onkel Walter uns Kindern sein dickes, mindestens 400 Seiten starkes bebildertes Bergwerkslehrbuch. Das war vielleicht ein Heiligtum! Es erhielt aus blauem Papier einen Schutzumschlag und durfte nur mit sauberen Fingern, auf dem Tisch liegend, gelesen und umgeblättert werden. Von Ausrüstung, erster Hilfe, Erschließung neuer Kohleflöze war alles spannend. So ein schönes Buch hatten wir noch

nie besessen. Außer den Schulbüchern gab es wenig Lesestoff.
Mit seinem Arm bekam der Onkel immer wieder Schwierigkeiten. Die Armkugel saß nicht mehr richtig fest in der Schulter, und als er wieder vom Dach eines einstöckigen Hauses in die Gartenbüsche fiel, sprang sie erneut aus dem Gelenk. Er wurde für den Beruf untauglich geschrieben und bekam eine Anstellung bei der Stadtpolizei.

Mein erstes »Hofkonzert«

Beeindruckt von den schönen, aber seltenen Geigenklängen Vaters, beschloß ich, große Künstlerin zu werden. Erstaunlich, daß mir niemand dabei half. Ich packte eines Tages die alte Schulgeige aus, die Vater für seine Lehrerausbildungsanstalt vor etwa zwanzig Jahren gekauft hatte. Es war kaum zu glauben, daß er für das Instrument mit Bogen und Holzgeigenkasten nur 120,– Mark bezahlt hatte. Aber so, wie es jämmerlich vor mir im Kasten lag, war es überhaupt nicht zu gebrauchen. Der Steg war runtergefallen, zwei Saiten hingen schlaff an losen Wirbeln, der Stimmstock klapperte in der Geige. Ob man das in Ordnung bringen konnte?
Optimistisch schickte mich Vater zu seinem von früher her bekannten Geigenbauer. In der Tat, viel hatte die Überholung nicht gekostet, und ich ging alleine auf Lehrersuche.
Endlich fand ich eine Lehrerin, die preiswerten Gruppenunterricht anbot, vier Schüler in 45 Minuten. Was hatte ich damals für Begriffe von Unterrichtsqualität und Notenmaterial? Mit der Haltung und dem Streichen leerer Saiten

kam ich flott voran. Gefährlich wurde es bei den ersten Griffen. Übte ich zu Hause meine neuen drei oder vier Töne, kam Vater, als wir die Werkstatt noch neben der Wohnung hatten, alle fünf Minuten angesaust und redete richtig zornig zu mir: »Zu tief, zu hoch, höher, na hörst du das nicht?« Kaum spielte ich zwei Takte lang alles höher, ging wieder die Tür auf: »Viel zu hoch, tiefer, tiefer . . .« Das machte ich ein paar Monate mit, aber die Lust verging mir gründlich, wie sollte ich unter diesen Umständen ein Meister werden?

In Zukunft holte ich die Geige nur hervor, wenn Vater mit Kundschaft beschäftigt war oder beim Felleaufnageln selber Krach machte. Dann kam ich, angeregt durch den Straßenmusikanten mit der singenden Säge auf die Idee, unsere Hausbewohner in die Irre zu führen. Ich öffnete das Fenster zu dem kleinen, schachtartigen Hof, auf dem gerade vier Mülleimer und die Kellertreppe Platz hatten, und begann wie wild auf den leeren Saiten meiner Geige herumzufideln, mit meinen wenigen Griffen schräge Doppelgriffe zu fabrizieren. Der kleine dunkle Hofplatz war von vielen Fenstern nicht einzusehen, und als ich eine Pause machte, hörte ich ein Geldstück auf die Steine klirren. Gerhard sauste schnell die Treppen hinunter und brachte einen Dittchen rauf. Menuhin hätte sich nicht königlicher über seine großen Gagen freuen können, als wir beiden Schellmufskys über den einzigen Groschen.

Die Fahne

Auf den Straßen ereigneten sich immer öfter die seltsamsten Dinge.

Vom Steindamm herunter bog um die Ecke zum Fritz-

Tschierse-Platz mit lautem Gesang: »Und wenn wir marschieren, dann leuchtet uns ein Licht, das . . .« ein Trupp braununiformierter SA-Männer, mit blankgewichsten hohen schwarzen Stiefeln und roten Hakenkreuzbinden um die Uniformärmel. In der Mitte des Trupps trugen zwei besonders starke Kerle große rote Fahnen mit dem schwarzen Hakenkreuz im weißen Rund.
Aus unserem Fenster beobachteten wir die Kolonne, wie sie an »Ziersch's« Lampengeschäft vorbei in Richtung Schloß marschierten. Ein Fußgänger auf der gegenüberliegenden Straßenseite blieb stehen, drehte sich zu den Schaufenstern, um die Auslagen zu betrachten. Da stürzten die Fahnenbegleiter auf den unbeteiligten Menschen zu, rissen an seinen Kleidern, stießen ihn zu Boden, traten ihn mit den Füßen, schlugen ihn blutig.
Die Eltern zogen uns vom Fenster fort und waren ganz entgeistert. Was war geschehen? Was hatte der Fußgänger verbrochen? Er hatte die Fahnen nicht mit gehobenem rechten Arm, dem »Heil-Hitler-Gruß«, gegrüßt und geehrt.

Königsberger Originale

Welche Stadt hat sie nicht, die Käuze oder Sonderlinge? Sie sind der realen Welt entrückt, leben ihren Tag so, wie sie ihn erfüllt haben wollen in ihren Wachträumen, und haben vielleicht das Zipfelchen Glück erwischt, das uns durch Erziehung, gesellschaftliche Zwänge, politische Unterdrückung verlorenging.
Der »radelnde Holländer« erschien in bunter Tracht, wie die ersten zaghaften Frühlingsblumen mit den warmen

Sonnenstrahlen, im Straßenbild von Königsberg. Wo steckte er im kalten Winter? Niemand hatte ihn gesehen, und jetzt traf er im neuen Farbenkleid für seinen neuen Sommer ein. Waren im letzten Jahr das Fahrrad, die Holzschuhe, die Kopfbedeckung gelb, prankte jetzt alles in Blau, verziert mit aufgemalten Blumen, Ranken und Punkten. Stets hatte er ein rosiges frisches Gesicht, saubere Kleidung, einen großen buschigen Bart, der leicht grausilber wurde, und ein strahlendes Lächeln. Wir grüßten ihn, er winkte zurück, wenn er hoch »zu Roß« durch die Straßen fuhr. Nie sprach er mit jemandem, nie sah man ihn arbeiten oder einkaufen, er tauchte auf wie der erste Schmetterling, wenn »seine Zeit« gekommen schien. Danach sah ihn niemand mehr bis zum nächsten Sommer, in neuen Farben.

»Haltet Gottes Gebote!« Auch dieser Heilige, ein weltfremder alter Mann, belebte nur in den milden Monaten des Jahres unsere Straßen. In dunklem Mantel, mit schwarzem, verbeultem Hut, eisgrauem Bart und seinem Krückstock ermahnte er die Menschheit zur Frömmigkeit. »Haltet Gottes Gebote«, predigte er ohne Unterlaß. Auf dem Gesekusplatz, Ecke Steindamm, wo die Straßenbahnen bergauf oder bergab nur langsam fahren konnten, war er ein alter Bekannter der Straßenbahnführer. Er betrat bedächtig die Schienen, schlug mit der Krücke seines Stokkes an das Führerhaus und rief suggestiv: »Haltet Gottes Gebote«. Die Bahnen fuhren noch langsamer, was der Rufer ausnutzte: Er klopfte mit der Krücke an die Wagenfenster, um allen Fahrgästen seine Heilsbotschaft zu verkünden. Nur heftiges Gebimmel mit der Bahnglocke konnte ihn dann bewegen zurückzutreten.

So bekehrte er bei Regen oder Sonnenschein unaufhörlich die Bürger, ohne sonstige Kontakte mit ihnen aufzunehmen oder gewalttätig zu werden.

»Herr Vorgesehn« hatte sein Revier auf dem Oberen und

Unteren Fischmarkt am Pregel, wo die großen, behäbigen Lastkähne aus dem großen Moosbruch mit Gemüse und Kartoffeln festgemacht hatten. Am Markttag huckten dicht bei dicht alte Ohmkes hinter ihren Körben voll Dill, Petersilie, Majoran und Pfefferminze. Auf Holzböcken mit großen Holzplatten wurden Karotten samt Kraut, Zwiefel, Wruken, Kohl, Kohlrabi und Kartoffeln lautstark ausgerufen. Wenn kein Madamche zu bedienen war, kadreierten die Bauerschens untereinander, und ihre Blagen jacherten am Pregel herum, katzbalgten sich und plantschten barfotke an den Wasserhydranten.
Dann war »Herr Vorgesehn« so richtig in seinem Element. Wenn das Gewimmel der Hausfrauen recht dicht war und zwei plachandernd sich an den Marktständen vorbeischoben, pirschte er sich leise an sie heran und brüllte plötzlich ganz laut »Vorgesehn!«. Erschreckt und verdattert fuhren die Frauen auseinander, ließen manchmal ihre ausgewählten Gurken oder Kartoffeln zu Boden fallen – und er? Hoch erhobenen Hauptes schritt er wie ein Unschuldslamm an ihnen vorbei, als ob nichts gewesen wäre.
Dieses Spiel trieb er unermüdlich, fast jeden erwischte es einmal, aber böse wurde nur derjenige, dem er auch einen leichten Stoß ins Kreuz verpaßte. Mutter, die der dwatsche Dussel angerempelt hatte, rief: »He, Sie oller Schubjack, Sie!«

Der 1. Mai

Der Tag der Arbeit! Der Tag der Aufmärsche. Der Tag der Ansprachen und Ordensverleihungen. Der Tag der Umzüge des deutschen Handwerks mit Festwagen.

Jede Zunft hatte ein geschmücktes Gefährt mit ihren Erzeugnissen, Arbeitsgeräten, Trachten, das Ganze mit Spruchbändern geschmückt, zu stellen. Zweimal schon hatten sich die Kürschner ausgeschlossen. In diesem Handwerk besaßen sehr viele Juden Pelzgeschäfte. Und alle Innungsmitglieder, ob »Arier«, ob »Jude«, hielten sehr fest zusammen. Aber das Regime zog die Zügel immer straffer an, und schließlich statteten sie, nach starkem Druck der Partei, einen neutralen Wagen aus. Die Spruchbänder fehlten, dafür posierten einige hübsche weibliche Angestellte mit elegantem Pelzwerk, Silberfüchsen und Nerzen als Schaufensterfiguren. Kürschnergesellen nagelten Felle auf große Platten und schwenkten grüßend Fuchsschwänze.
Die Wagen hatten sich auf dem Erich-Koch-Platz, dem ehemaligen Simonplatz, in der frühen Morgenstunde zu sammeln. Der Umzug sollte auch den Steindamm, Fritz-Tschierse-Platz, den Kaiser-Wilhelm-Platz und die Vorstädtische Langgasse passieren. Unsere Verwandtschaft versammelte sich in unserer Wohnung im zweiten Stock, um den Festumzug zu sehen. Man erwartete die Spitze der Pferdewagen, Kapellen, Transparente, Sportmannschaften, Jungmädel, des Jungvolks mit ihren Landsknechtstrommeln und Fanfaren, der Reiter, Radfahrvereine, Laubenpieper »Immergrün«, der braunen SA-Trupps, der SS-Männer in ihren schwarzen Uniformen mit Fahnen, Standarten, Wimpeln, der Kriegervereine mit den Fahnen des Ersten Weltkriegs, der Motorsportvereine ... gegen 12 Uhr.
Es war ein unvergeßlich heißer Tag. Die Sonne brannte. Dem sich drängenden zuschauenden Volk auf der Straße wurden Pappschirmchen zum Schutze der Augen und Papierfähnchen verteilt.
Unsere Verwandtschaft labte sich an Broten, Kuchen, Tee, Kaffee und die Männer an Bier. Es ging sehr lustig zu, und

die Wagen waren sehr hübsch anzuschauen. Immer wieder klingelten Leute an unserer Wohnungstür, die um ein Glas Wasser baten oder die Toilette benutzen wollten. Schon zwei Stunden dauerte der Umzug, wir hatten die Hoffnung auf den Wagen der Pelzinnung schon aufgegeben. Dann, als der Wagen, gezogen von vier starken Rössern, um die Ecke bog, empfingen wir ihn mit lauten Ahs und Ohs. Das Fernglas wanderte von Hand zu Hand – wo ist denn nur unser Vater? Alle Innungsmitglieder hatten ihrem Gefährt zu folgen, wir sahen aber nur eine Handvoll Näherinnen, Gesellen und Verkäuferinnen. Kein Herr Skopp, kein Herr Dauter, kein Herr Radtke, Herr Isigkeit oder Mummert. Am Abend nach dem großen Umzug erschien des Rätsels Lösung in Gestalt eines sehr lustigen und aufgekratzten Vaters. Die ehrenwerten Kürschnermeister und Geschäftsinhaber hatten den Tag der Arbeit, diesen 1. Mai, unter schattigen Bäumen bei erfrischenden und auch anregenden Getränken verbracht.

Straßenbilder

Bilder, die 1939 mit Beginn des Zweiten Weltkrieges immer ärmer und eintöniger wurden und endgültig versanken. Wie konnte ich als Fünfjährige noch staunen über die vielfältigen Pferdefuhrwerke, Scherenschleifer, Kesselflicker, Kartoffelkarren, Kohlenwagen, Umzugsrollwagen, Leierkastenmänner, Stangeneismänner, Hochzeitskutschen, Militärkapellen, berittene Polizei, Kavallerie und Autodroschken.
Die Pferdefuhrwerke lösten stets ein bißchen Furcht aus. Das erste Entsetzen kam wenige Tage nach unserem Einzug in die neue Wohnung. Den Steindamm hinunter pol-

terte ein schwer beladener Rollwagen mit zwei mageren Kleppern. Der Kutscher war, wie üblich, abgestiegen, um mit der Hand die Bremsenkurbeln zu bedienen, mit zwei Notbremsklötzen notfalls die Wagenräder zu stoppen. Die Pferde stemmten ihre Beine gegen das Kopfsteinpflaster, um die nachschiebende Last zu halten. Die Bremsen faßten nicht genügend auf den blanken Metallreifen der Sprossenräder, immer schneller rollte das Fuhrwerk bergab, der Notklotz wurde zur Seite geschleudert, und soviel der Kutscher am Zaumzeug und der Leine riß, ein Gaul geriet ins Stolpern, fiel hin, hing hilflos an der Deichsel, und das ganze Gefährt sauste gegen das Lampengeschäft »Ziersch«, wo es im Schaufenster zum Stehen kam. Der Kutscher versuchte, das sich aufbäumende Pferd zu beruhigen und auszuspannen, um das am Boden liegende auf die Beine zu bringen. So viel herbeieilende Männer sich auch bemühten, das gestürzte Roß mit Zureden, mit der Peitsche, mit Schieben und Zerren hochzukriegen, es sackte immer wieder, mit verdrehten Augen, hilflos zusammen. Ein Polizist und ein Tierarzt wurden geholt, das Tier mußte erschossen werden.

Das hatte mich so erschüttert, das ich bei jeder Pferdefuhre auf dem abschüssigen Steindamm und der abschüssigen Kantstraße am Schloß große Ängste ausstand, wenn wieder und wieder ein Pferd stürzte und nur schwer vor dem beladenen Wagen und mit den glatten Eisenhufen auf dem Kopfsteinpflaster aufstehen konnte.

Beim Abendgebet:

»Breit aus die Flügel beide,
O Jesu meine Freude,
Und nimm Dein Küchlein ein,
Will Satan mich verschlingen,
So laß die Englein singen,
Dies Kind soll unverletzet sein«

schloß ich in die Fürbitte nicht nur meine Eltern und meinen Bruder ein, sondern auch: »Herr Jesus, hilf den armen Pferden, lasse sie nicht wieder stürzen.«
Später entdeckte ich, daß Jesus vielleicht doch geholfen hatte. Unten, an der gefürchteten Steigung beim Kaiser-Wilhelm-Platz, am Schloß vorbei, die Kantstraße hoch, standen an Tagen, wenn im Hafen ein großes Frachtschiff mit Zucker, Mehl, Salz und Butterfässern angelegt hatte und entladen wurde, Ersatzpferdegespanne. Kamen schwerbeladene Rollfuhrwerke, wurden sie gestoppt und mußten gegen Gebühren zwei starke Zusatzpferde mieten und durften nur als Vierspänner den Berg befahren. Oft schaffte dieser Viererzug auch nur mühselig, unter lautem Peitschengeknalle und mit Ruhepausen den vertrackten Berg. Oben angekommen, trabte das Ersatzpaar mit seinem Kutscher wieder an den Standplatz unter dem Denkmal des Kaiser Wilhelm. Da standen sie, aus ihrem vor das Maul gebundenen Hafersack fressend und aus großen Eimern Wasser schlürfend.
Am Paradeplatz gab's eine wunderbare Extra-Pferdetränke. Da war's so richtig gemütlich. Aus Gußeisen erhob sich etwa drei Meter hoch ein Rundbrunnen mit mehreren Etagen. Ganz unten, dicht über dem Straßenpflaster, eine tellerartige Schale für die Hunde, in mittlerer Höhe das große tiefe Rund für die Pferde, darüber, an der Spitze, das Vogeltrinkbecken, wo das Wasser aus einer kleinen Fontäne hochspritzte und alle Wasseretagen neu versorgte. Wir Kinder kühlten unsere Arme, spritzten uns naß und sahen in die treuen Augen der Pfede, die dort Pause machen durften.
Ganz prächtig waren die Hochzeitskutschen mit dem Schimmelgespann und dem in weiße Livree und mit weißem Zylinder gekleideten Kutscher. Wenn wir eine Kutsche vorbeifahren sahen, liefen wir schnell zur Altstädtischen Kirche in die Junkerstraße, um das Brautpaar und

die Blumenkinder zu bewundern. Oft ließen sie sich im nahen Fotogeschäft Erinnerungsfotos machen, wo wir die ganze Hochzeitsgesellschaft in ihren Festkleidern lange und genau betrachten konnten.
Als Gerhard und ich später konfirmiert wurden, fuhren wir ebenfalls hochherrschaftlich mit einer Mietkutsche, an der alles schwarz war, der Wagen, die Kleidung und der Zylinder des Kutschers.
Lustig waren die offenen Umzugsrollwagen. Der gesamte Hausrat wurde auf einer oder zwei hochbepackten Fuhren durch die Straßen von Wohnung zu Wohnung gefahren. Regnete es, zurrte der Kutscher eine Plane drüber. Aber bei trockenem Wetter betrachtete man neugierig das gesamte Inventar vom Bettgestell und der Zinkbadewanne bis zur großen Standuhr und dem Wohnzimmerbufett. Oft thronte auch eine Oma mit ihren Enkeln mittendrin im Bettzeug und ollem Geraffel.
Mit dem fallenden Herbstlaub begann dann die Wintervorratswirtschaft. Jetzt belebten die Kohlenfuhrwerke das Stadtbild. Die Träger, mit Jutesäcken über Kopf und Schultern gestülpt, schleppten Zentnersäcke voll Brikett und Kohlen in die Keller. Hier war es finster, und der Kellerboden bestand nur aus gestampfter Erde. Mäuse und Ratten waren fast in jedem Haus, und wir Kinder fürchteten uns sehr. Kamen die Kohlenträger, mußten wir mit großen weißen Talgkerzen leuchten, damit sie sich in den niedrigen Gängen nicht stießen oder hinfielen. Außerdem sollten wir die Anzahl der Säcke genau zählen. Wenn alles stimmte, bekamen die Männer ein Trinkgeld und ein Bier. Für uns hieß es jetzt, die Briketts zu stapeln, damit man in dem engen Keller noch die Kartoffeln lagern konnte, die sich in der feuchten Kellerluft gut hielten, doch im Winter gegen Frost abgedeckt werden mußten.
Toooffle, Toffle, Toffle, Toffle – eine Glocke schellte. Der meist etwas zerkoddert gekleidete Kartoffelmann zog mit

seinem zweirädrigen Karren durch die Straßen und Gassen, von Haus zu Haus, und belieferte die Familien mit den weißen mehligen oder festkochenden blaublanken Kartoffeln.
Der Stangeneiswagen dagegen fuhr immer seltener. Er brachte in einem wärmegedämmten Spezialkastenwagen lange viereckige Stangen Eis aus den Königsberger Kühlhäusern. Diese bevorrateten sich im Winter mit ausgesägten Eisblöcken aus sauberen Seen und brachten je nach Bestellung viertel, halbe oder ganze Stangen zu Fischhändlern, Fleischern, Kneipen und Haushalten, die ausgepolsterte Spezialschränke besaßen.
Interessant und lustig waren die Leierkastenmänner. Sie zogen von Hinterhof zu Hinterhof mit schön verzierten, geschnitzten, bunten zweirädrigen Leierkästen und drehten ihre kunstvoll gestochenen Walzen mit Volksliedern. Manche hatten ein lebendes Äffchen auf der Schulter oder ähnlich gekleidete Kinder bei sich, welche die aus den Fenstern hinuntergeworfenen Pfennige aufsammelten. Aus manchen alten, klapprigen Leierkästen tönten die Melodien löchrig, weil Walzenzapfen abgebrochen waren und es mehr schepperte, als klangvoll spielte. Aber wir Kinder fanden es trotzdem wundervoll, tanzten dazu und zogen ein paar Häuser weit mit.
Aufregend war es, dem Scherenschleifer zuzuschauen, der seinen Schleifstein und Aufstellbock auf einem kleinen Handwagen mit kurzer Deichsel hinter sich herzog. Hatte er genug Scheren und Messer von den Hausfrauen eingesammelt, begann er auf dem Bürgersteig vor den Häusern seinen Schleifstein mit Trittbrett und Treibriemen aufzubauen und, umringt von Zuschauern und Auftraggebern, unter Funkenflug alles zu schleifen und zu schärfen. Fast immer waren meine Mutter und mein Vater sehr zufrieden mit seiner Arbeit, bis zum nächsten Jahr.
Dschingde Rassa Bumm, Dschingde Rassa Bumm! Eine

berittene Militärkapelle trabte heran. Das erste Pferd trug den Tambourmajor, der mit seinem troddelverzierten blanken Metallstab den Takt angab. Ihm folgten zwei Pferde mit je zwei seitlich an den Pferden angebrachten Kesselpauken und den reich betressten Husaren, die mit einstudierten großen Armbewegungen imposante Schläge ausführten. Die Bläser folgten in Dreierreihen, und alle zogen die Blicke und die Begeisterung der stehengebliebenen Menschen auf sich. Vor, seitlich und hinter der Kapelle liefen viele Kinder mit und hatten ihren Spaß an den Pferden und Musikern.
Und so bescherte uns unsere Stadt täglich immer wieder etwas Neues, Lustiges, Schönes, aber auch Trauriges, Böses, Häßliches.

Wochenmarkt in Königsberg

Sonnabends war großer Markttag im Zentrum der Stadt, auf dem Altstädtischen Markt. Dort boten die Obsthändler ihre herrlichen Äpfel, Birnen, Johannisbeeren, Kirschen, Pflaumen und Aprikosen an. Beim Gemüsehändler war eine reichhaltige Auswahl von Gurken, Karotten, Wruken, Zwiebeln, Petersilie, Rettichen, Kürbissen und anderen landwirtschaftlichen Erzeugnissen. Aus der Provinz waren dralle Bäuerinnen mit großen Körben voll frischer Blaubeeren angereist. Zwischen den Käsebuden standen selbständige Landwirte mit Butterfässern und Eierkörben.
In einer kleinen Gasse, die zum unteren Fischmarkt führte, ging es ganz dörflich zu. Lebende Kaninchen in Käfigen, Federvieh, gackernd und gurrend, von Täubchen

über Hühner bis zu Enten und Gänsen. Die Hausfrauen konnten hier noch handeln und die Ware manch einen Dittchen billiger erstehen.
Hatte man diese Idylle durchwandert, befand man sich mitten im Gewühle des lebhaften Fischmarktes. Auf dem Hochbock ihrer Pferdefuhrwerke waren die Nehrungsfischer die halbe Nacht mit dem frischen Fang, der hinter ihnen auf der Ladefläche in wassergefüllten Holzkästen befördert wurde, in die Stadt gefahren, um den pingeligen feinen Stadtmadamchens die springenden Barsche, Hechte, Dorsche, Zandern und Flundern zu verkaufen. Lauthals boten die Fischfrauen ihre Ware an: »Scheene frische Fisch, scheene Aale . . .« In Königsberg wurde nicht ein Fisch gegessen, der nicht bis zur Pfanne oder dem Kochtopf gelebt hätte. Stets wurde das Fischfleisch unter den Kiemen geprüft, ob es auch wirklich ganz rot durchblutet war.
Aber zum Fürchten war manchmal schon so ein um sich schlagendes Ungetier mit großen starren Fischaugen und weit aufgerissenem Maul. Besonders abenteuerlich die zähe Überlebenskraft der Aale. Mutter ließ die sich windenden »Schlangenleiber« vom »Fischer sin Fru« auf dem Markt schlachten. Aber die Biester »lebten« auch ohne Kopf, wanden sich aus dem Zeitungseinwickelpapier, durch die Einkaufsnetzmaschen, und schon versuchte einer davonzukommen. Mit großer Überwindung packte Mutter ihn wieder in die Zeitung, und wir eilten nach Hause.
Dort kamen sie in eine große braune irdene Schale bis zur Mittagszubereitung.
Dann aber, welch ein Entsetzen! Von drei Aalen war nur noch einer in der Schüssel. Ein großes Suchen begann. Endlich fanden wir die beiden anderen in der hintersten Ecke unter unserem Küchenbuffet. Mit scharfem Messer zerschnitt Mutter sie in größere Teile und kaum mit Salz

bestreut, begannen diese widerlich zu zucken. Sie wanden sich sogar noch im heißen Fett der Bratpfanne. Ich wundere mich bis heute, daß mir die gebratenen Aale mit dem Kartoffelbrei und der anschließenden Sauerkirschsuppe trotzdem so köstlich schmeckten. Niemals trübte uns die Aalschlächterei den Genuß an: Aal in Dillsoße, Aal in Gelee, Aal geräuchert.

Dem unteren Fischmarkt schloß sich der obere Fischmarkt an, und am Uferkai des alten Pregel dümpelten die angetauten großen Lastkähne aus der Elchniederung. Sie hatten vor allem die herrlichen blaublanken Kartoffeln geladen, die besonders gut schmeckten und wegen ihrer langen Haltbarkeit als Einkellerungskartoffeln sehr beliebt waren. Der Bootseigner gab den interessierten Hausfrauen eine Handvoll Kartoffeln von den blaublanken und auch gelbfleischigen mit, damit sie nach dem Kochen und Schmecken ihre Kaufentscheidung treffen konnten. Mutter nahm meist vier bis fünf Zentner Blaublanke, die zwar einige Pfennige teurer, aber viel delikater waren. Der freundliche Bootsmann brachte auf einem zweirädrigen Karren unseren Wintervorrat nach Hause, bis in den Keller.

Er lebte mit Frau und Kind auf dem Schiff, solange er auf dem Pregel ankerte. Die kleinen Kinder wurden mit einem langen Strick um den Bauch angeleint, damit sie nicht in den Fluß fielen und ertranken. Auf der von Mast zu Mast gespannten Leine flatterten die gewaschenen Hosen und Hemden der Familie, und aus einer winzigen Kajüte stieg der Rauch vom Herdfeuer auf, der die Kochkünste der Kahnfrau erahnen ließ.

Schulferien

Der Totenschwimmer

Die großen Sommerferien, auf die Gerhard und ich schon lange gewartet hatten, begannen. Mutter nahm sich nach dem Mittagessen die Zeit und ging mit uns zum Freibaden an den Oberteich. Dort kostete es keinen Eintritt, und sie konnte uns gut beaufsichtigen. In großer Mittagshitze liefen wir mindestens zwei Kilometer durch die aufgeheizte Innenstadt, den Mitteltragheim entlang, über den Wallring zu den Oberteichanlagen. Das war aber erst die Hälfte des Weges. Zuerst passierten wir die Schüler-Badeanstalt, dann das Prussia-Bad. An der Auguste-Viktoria-Allee gab es die großen Volksbadewiesen, die wir auch rechts liegen ließen, von wegen der »Sittlichkeit«. So etwas Ordinäres! Dort rannten größere und kleinere Bowkes und Marjellchen einfach nackt ins Wasser, da schrubbten sich abends die Arbeiter mit Seife den Dreck des Tages vom Körper und Sonnabends wuschen sich die Familien, von der Oma bis zum Enkel, auch noch die Haare. Im Weidengebüsch wurde gesoffen, und manchmal wurden die jungen Mädchen begrapscht. »Ach, wissense, nee.«

Wir strebten den Oberteichterrassen zu. Dort, im ruhigen Villenviertel, wo nur hin und wieder ein Bewohner im Bademantel zu einem kurzen erfrischenden Bad am Ufer erschien, setzte sich Mutter mit Hut, Sommerkleid, Seidenstrümpfen und Sommerschuhchen auf eine halbschattige Bank in einem Blumenrondell und badete niemals, da sie nicht schwimmen konnte. Wir hatten die Badestelle ganz für uns allein, schwammen vor dem Terrassencafé, in dem elegante Müßiggänger plaudernd ihren Tee, Kaffee, den Eisbecher oder die Limonade genossen, bis zur Brücke der Auguste-Viktoria-Allee, an der die Zweige einer riesigen Weide bis ins Wasser hingen. An ihnen hiel-

ten wir uns fest und schaukelten, kletterten auf die starken Äste und sprangen ins Wasser.
Mutter war unsere kleine Picknickstelle. Sie hatte gesüßten Kaffee ohne Milch sowie Brote im Leinenbeutel, manchmal auch für jeden ein »Grauchen«, das war eine saftige Griesbirnenart. Kaum hatten wir zu Ende gegessen, hüpften wir wieder ins warme Oberteichwasser. Gegen Abend, wenn die Sonne nicht mehr so stach, gingen wir den weiten Weg zu Vater nach Hause, der sein Geschäft am Alltag nicht verlassen konnte.
Mit zehn Jahren machte ich in den Ferien in der Schüler-Badeanstalt meinen Freischwimmer: 15 Minuten Brustschwimmen, vom Einmeter-Brett springen. Die Eltern wußten davon nichts, es sollte eine Überraschung sein. Drei Tage später wagte ich den Fahrtenschwimmer: 30 Minuten Brustschwimmen, Sprung vom Dreimeter-Brett. Der Ehrgeiz hatte mich gepackt. Gerhard, der schon länger das Fahrtenschwimmerabzeichen auf der Badehose trug, sollte übertrumpft werden. Der Bademeister staunte nicht schlecht, als ich nach drei Wochen zum »Totenschwimmer« erschien. Das bedeutete eine Stunde beliebige Schwimmart, Kopfsprung vom Einmeter-, Einfachsprung vom Dreimeter-Brett und aus drei Meter Tiefe, tauchend, ein Gewicht heraufholen, danach einen Menschen, für mich war es natürlich ein Kind, 50 m abschleppen.
Ich schaffte es, ich hatte es geschafft, juchhu! Blaugefroren, der Tag war bewölkt und kühl, nahm ich mein Totenschwimmer-Zeugnis entgegen. Meine Eltern konnten es kaum glauben. Sofort durfte ich mir das gestickte Totenschwimmer-Abzeichen kaufen und auf den Badeanzug nähen.
Gerhard ließ mich diesen Sieg über ihn nicht lange auskosten, einige Wochen später schaffte er ebenfalls das begehrte Abzeichen.

Ein wenig traurig war es schon, daß wir, wie viele unserer Klassenkameraden und -kameradinnen, keine Oma, keinen Opa auf dem Lande hatten. Mit was für schönen Erlebnisberichten von der Heuernte, vom Bauernhof, den Hühnern, Pferden und dem Hofhund kamen sie aus den Ferien zurück.

Ferien in Friedland

»Oh, wie freu' ich mich, juchhe! Gerhard, wir dürfen in den Sommerferien für eine Woche zu Tante Hulda und Lena nach Friedland fahren!« Zum ersten Mal richtig verreisen und später in der Schule den Kindern von unseren Erlebnissen berichten! Endlich nicht nur unserem Vater zuhören müssen, wie es bei seinem Großvater und der Großmutter war.
Wie hingen wir an seinen Lippen, wenn er von den Aufenthalten bei Großmütterchen in Melauken erzählte. Sie waren zu dritt, Bruder Artur, Schwester Charlotte und er selber. Aus Königsbergs Stadtmitte fuhren sie in ein einfaches Bauernhaus mit seinen Wundern und Geheimnissen. Zur Begrüßung gab es für jeden von ihnen ein großes Glas eingemachte Marmelade, die sie nach Lust und Laune vernaschen durften. Strümpfe und Schuhe flogen in die Ecke. Barfuß tobten sie den ganzen Tag im Freien herum. Plagte sie der Hunger, schnitt Großmutter dicke große Scheiben vom selbstgebackenen Bauernbrot ab und schmierte das deftige Griebenschmalz darauf. Sie trieben die Kühe zum Melken zusammen, schauten zu und machten mit den Milchkannendeckeln Radaumusik. Einmal bekam Vater die Nase zwischen die scharfen Kanten und

halbierte sie so, daß ein Flügel nur noch an einem Hautstückchen hing. Großmutter machte keine großen Faxen, klatschte das Nasenstück auf die Schnittstelle, rannte mit dem Jungen zum Dorfarzt, der die Wundränder desinfizierte, mit vier Stichen zusammennähte und Heftpflaster überklebte. Ein Tag Bettruhe – und Vater hütete mit seinen Geschwistern wieder die Gänse. Die Narbe blieb, ein weißer schmaler Strich.

Jetzt war es soweit. Mit einem kleinen Koffer wurden wir beide zum Bahnhof gebracht und in den Zug gesetzt. Der Schaffner erhielt ein (kleines) Trinkgeld, damit er ein wachsames Auge auf uns hätte und in Friedland beim Aussteigen half.

Tante Lena stand zum Empfang am Bahnhof. Mir gefiel Friedland sofort. Das Geschäftswohnhaus lag zehn Meter vom riesigen, mit hohen Bäumen umstandenen Viereck des Marktplatzes entfernt, in einer der vier schmalen Zufahrtsstraßen. Zwischen zwei Schaufenstern, eins mit Pelzen, das andere mit Hüten und Mützen dekoriert, gingen wir schüchtern vier Stufen hoch. Die Tür klingelte beim Öffnen erschreckend laut, und mitten im Laden sahen wir unsere Tante Hulda zum ersten Mal. Dick, klein und behäbig, mit schneeweißem Haar und dunkler Kleidung, begrüßte sie uns flüchtig. Sie schien nicht sonderlich interessiert zu sein. Als sie nach unseren Namen fragte und wir höflich antworteten, schrie sie: »Könnt ihr nicht laut und deutlich sprechen?« Wir waren ganz verdattert, bis Tante Lena uns beschwichtigte: »Tante Hulda hört schwer.« Das war milde ausgedrückt, sie war fast taub und hatte ein hölzernes Hörrohr für ihre Kundengespräche neben der Ladenkasse stehen. Durch diese Behinderung war die 75jährige mürrisch und mißtrauisch geworden. Redeten wir bei den Mahlzeiten mit Tante Lena und vergaßen die ungewohnte Schwerhörigkeit der alten Dame, lösten wir Ärger und Verdruß aus.

Die Mahlzeiten wurden in der dunklen langen Werkstätte hinter dem Laden eingenommen. Das einzige Fenster zum winzigen Innenhof verschattete ein alter Birnbaum mit mächtigem Laubdach. Der Hinterhausschuppen gab keinen Blick zum Himmel frei. Die halboffene Küche neben der Werkstatt war beängstigend duster. Tageslicht fiel überhaupt nicht ein, und die matte Glühbirne mit Blechlampenschirm erhellte nur notdürftig die Kohlenherdplatte. Die Vorratsregale, das Geschirrbrett konnte man nur erahnen. Über allem lag eine schwarze, russigfette Patina. Wie gut, daß dieses Reich Tante Lena allein beherrschte.
Im ersten Stock befand sich die geräumige gute Stube. Zwei helle Fenster zur Straßenseite, ein Fenster in den Birnbaumwipfel ließen Sonnenkringel auf dem Holzfußboden tanzen. Ein Seitenkabuffchen beherbergte ein breites, schweres, dunkelbraunes Holzbett mit einem Federbettenberg, Tante Huldas Schlafrevier. Die kunstvoll geschnitzte Kuckucksuhr, mit vier Zugketten, einem Kukkuck und zwei Wetterfigürchen, zeigte nicht mehr die Zeit an. Keiner durfte sie berühren. Wir pranzelten so lange Tante Lena, bis sie wenigstens ein einziges Mal den Kukkuck und Glockenschlag vorführte. Wie gut, daß die alte Tante so schwer hörte. Eigentlich war das Betreten der Wohnstube nicht erlaubt.
Wir beide schliefen unter dem nicht ausgebauten Dach auf einer ausrangierten Chaiselongue. Gerhard lag mit dem Kopf zum Fußende, ich zum Kopfende, damit wir besser Platz hätten. Dennoch war sie viel zu schmal, und mindestens vier oder fünf Mal fielen entweder Gerhard oder ich auf die Bodenbretter. Ehrlich gesagt, das Essen schmeckte uns auch nicht.
Aber dafür war es draußen um so schöner. Der Fluß war nur wenige Meter vom Haus entfernt. Fast den ganzen Tag schwammen wir dort und spielten mit den Friedländer Kindern. Einmal forderten sie von uns eine Mutprobe,

»über die breiten Holzbalken des Wasserwehrs von einer Seite zur anderen rüberzubalancieren«, was Tante Lena uns strengstens verboten hatte. Wir gehorchten dem Gebot und hatten gut daran getan. Während unseres Ferienaufenthaltes stürzte ein Junge ab und verletzte sich lebensgefährlich.

Abends war es an der Pferdetränke des Flusses hochinteressant. Die Knechte und älteren Söhne der Bauern kamen nach des Tages Arbeit in Badehosen auf ihren ungesattelten Pferden zum Wasser, ließen sie im Flachen sich sattsaufen und ritten dann tief hinein, bis sie keinen Grund mehr hatten. Manche Rösser schwammen, andere wurden ganz wild, verdrehten die Augen, spitzten die Ohren und stampften mit ihren Beinen. Die Burschen lenkten sie ans sichere Ufer, bürsteten und wuschen den Ackerstaub von den Pferdeleibern, schwammen selber einige Runden und ritten zu ihren Höfen zurück.

Eines Tages mußten wir Tante Lenas Wäsche auf der Wiesenbleiche bewachen und mit der Gießkasse wieder und wieder mit dem Wasser des Flusses besprengen. Mit einem Stecken verjagten wir die Gras zupfenden Gänse, wenn diese den Bettbezügen und Handtüchern bedrohlich nahe kamen.

Am gleichen Abend durften wir zur Belohnung in die Bibelstunde gehen. Die beiden Damen waren sehr fromm. Morgens, mittags und abends wurde gebetet. Das Mittagsgebet gefiel Gerhard so gut, daß er es zu Hause zum Erstaunen der Eltern einführte. Es blieb bis zu unserer Flucht aus Königsberg ein Ritual. Daß die Erlaubnis zum Besuch der Lobpreisung Gottes eine Belohnung für gute Arbeit sein sollte, verstanden wir nicht richtig. Der Bibeltext nahm kein Ende. Die müden Augen klappten immer wieder zu, und ich mußte aufpassen, nicht von der einfachen Holzbank ohne Rückenlehne abzustürzen. Stand die Gemeinde auf, um bei bestimmten Bekenntnissen und Bitten den Herrn besonders zu ehren, frohlockte ich, »oh jetzt ist's zu Ende, wir können endlich ins Bett gehen, Tante Lena wird stolz auf uns sein« –, sie aber setzten sich wieder und begannen ein Lied mit unzähligen Strophen zu singen. Wenn ich das Lied wenigstens gekannt hätte. Aber soo? Plötzlich sackte mein Oberkörper in Tantes Schoß, ich war in himmlische Träume entschwebt.

Natürlich trieben wir auch den üblichen Kinderschabernack. Bewaffnet mit der wassergefüllten Blumengießkanne hockten wir auf dem Holzstapel hinter der hohen Gartenmauer. Die Straße lag in der Mittagshitze wie ausgestorben da. Sollten wir ewig warten? Niemand ging einkaufen, und wir brauchten viel Geduld, bis sich unser erstes Opfer, ein alter Mann, näherte. Schwupps, ein kleiner Guß aus der Kanne, wir suchten hinter der Mauer Dekkung. Kein Geschrei, kein Lärm. Kiekte der Kerl baß zum Himmel hinauf, schüttelte zweifelnd den Kopf und schlurfte weiter die Straße entlang. Eindeutig zu klein der Wasserguß! Der Gehsteig zum Markt belebte sich. Eine jüngere Frau wurde angepeilt. Diesmal wurde dreister geschüttet. Erfolg – ein lauter Schrei! Au Backe! Das Luder, eine Lausbüberei ahnend, lief in Tante Huldas Laden. Wenn das keinen Ärger gab – nichts wie weg! Wir liefen schnell von Hof und Gartenmauer fort.

Wie Unschuldslämmer verlegten wir unseren Spaß an den Weg zum Rathaus. An einem dünnen Zwirnsfaden befestigten wir unsere Geldbörse, warfen diese auf den Bürgersteig, führten den mit Straßenstaub bedeckten Faden quer über das Pflaster zu einem Mauervorsprung und legten uns, vor Sicht geschützt, auf die Lauer. Ein Passant übersah die Börse, ein zweiter stieß sie achtlos mit dem Fuß weiter, aber der nächste biß an! Er bückte sich, griff zu. Wir zogen blitzschnell am Faden, und die Börse flog mit einem Satz in unser Versteck. Wir feixten und fanden den Spaß einfach »bong«.

Der Traumtänzer und die wilde Hummel »Peter«

Unzertrennlich wuchsen Gerhard und ich auf, und doch entwickelten sich unsere Charaktere konträr. Gerhard blieb immer mein bester, gutmütiger, hilfsbereiter, verzeihender Bruder, aber für den Ernst des Lebens fehlte ihm damals eine gewisse Strebsamkeit. Für mich bedeutete es Angst und großen Schmerz, wenn es um Schulzeugnisse, später um seine Gesellenprüfung ging.

Ich dagegen wurde die wilde Hummel genannt. Nach dem Kassenschlagerfilm »Seine Tochter heißt der Peter«, den ich selber nie gesehen hatte, riefen mich die ganze Verwandschaft und zu Hause die Eltern »Peterlein«. Bis ins Alter blieb »das Peterlein« bei jedem Familientreffen mein Spitzname. Wurde ich nach Unarten von meiner Mutter gerufen, klang es so: »Dora, sofort herkommen!« Dann war dicke Luft und irgendeine unangenehme Auseinandersetzung zu befürchten.

Als Jüngere mußte ich mich immer behaupten, als Mädchen war ich, dem damaligen Zeitgeist entsprechend, vielen Tabus unterworfen. Ich lernte mit Feuereifer in der Schule. Kniffelte in Vaters alten Lehrerausbildungsbüchern an mathematischen Problemen herum, die ich meinen Schulkameradinnen weitergeben konnte. Schrieb gerne Aufsätze und haßte das Auswendiglernen endlos langer Gedichte und Balladen. Was ich mir vorgenommen hatte, das versuchte ich zäh und beharrlich durchzusetzen, und bei mir zugefügtem Unrecht war ich lange nachtragend.

Gerhard nahm solche Bagatellen überhaupt nicht ernst. Rutschte Mutter mal im Affekt die Hand aus, konnte Gerhard sie lachend umarmen, während ich mich gekränkt und schmollend zurückzog und oft zwei Tage lang nur das

Notwenigste sprach. Er lernte sehr leicht, hatte in der Volksschule sehr gute Zeugnisse, aber vergaß auch alles wieder schnell. Das wurde ihm in der Oberschule bei den Sprachen zum Verhängnis. Mit seinen Schularbeiten war er spätestens in einer Stunde fertig, während ich oft den ganzen Nachmittag über den Heften und Büchern brütete. Was ich einmal intus hatte, saß dann auch, und meine Zeugnisse blieben gleichbleibend sehr gut. Ich mußte wohl mehr meinem Vater gleichen, Gerhard meiner Mutter.

Vater überraschte uns oft, wenn wir über das Auswendiglernen von Gedichten stöhnten, mit den klassischen Gedichten und Balladen seiner Schulzeit. Er konnte sie alle fehlerlos auswendig aufsagen, und viele waren die gleichen, die wir lernen mußten, so von Schiller:

»Festgemauert in der Erden
steht die Form, aus Lehm gebrannt.
Heute muß die Glocke werden!
Frisch, Gesellen, seid zur Hand . . .«
(»Das Lied von der Glocke«)

»Er stand auf seines Daches Zinnen,
er schaute mit vergnügten Sinnen
auf das beherrschte Samos hin . . .«
(»Der Ring des Polykrates«)

»Zu Dionys, dem Tyrannen, schlich
Damon, den Dolch im Gewande . . .«
(»Die Bürgschaft«)

oder von Goethe:

»Wer reitet so spät durch Nacht und Wind . . .«
(»Erlkönig«)
»Arm am Beutel, krank am Herzen . . .«
(»Der Schatzgräber«).

Den größten Spaß hatten wir, wenn Vater die putzigen Namen der kleinen und großen Propheten runterrebbelte. So stellte ich mir die Sprachverwirrung beim »Turmbau zu Babel« vor:

Jesaja	Amos	Zephania
Jeremia	Obadja	Haggai
Hesekiel	Jona	Sacharja
Daniel	Micha	Maleachi
Hosea	Nahum	
Joel	Habakuk	

Vater behauptete, ein »Einser«-Schüler gewesen zu sein, was Väter wohl immer gerne taten. Er erzählte uns von den Rangordnungen in seiner Schulzeit, dem Kampf um die ersten Plätze. Bei jeder Versetzung stand im Zeugnis die erreichte Rangordnung nach Leistung, zum Beispiel Platz 2 von 38 Schülern, oder Platz 24 von 40 Schülern usw. Wir glaubten ihm nicht, nur immer den 1. oder 2. Platz bei der Rangordnung und in den Fächern nur »Sehr gut« gehabt zu haben, bis er eines Tages in seinen alten Papieren einige seiner Zeugnisse fand. Tatsächlich, er hatte nicht ein bißchen gemogelt. Da schlossen wir mit ihm, dem Vorbild für gutes Lernen, einen regelrechten Zeugnisvertrag: »Für jede ›Eins‹ im Zeugnis bekommt jeder von uns 10 Pfennige, für jede ›Drei‹ werden 30 Pfennige abgezogen.« Gerhard und ich waren ganz sicher, ein gutes Geschäft gemacht zu haben. Dreimal »Sehr gut« hatten wir allein in den obersten Beurteilungen »Führung«, »Ordnung«, »Fleiß« bestimmt immer, in anderen Fächern auch einige »Einser«, aber ein »Genügend« = »Drei« höchstens, wenn überhaupt, nur in »Handschrift«. Mit zunehmender Fächerzahl bezogen wir beide zweimal im Jahr ein erkleckliches Sümmchen.
Nach dem vierten Schuljahr kam Gerhard mit sehr guten Leistungen auf die »Vorstädtische Oberrealschule«. Das

Schulgeld betrug pro Monat RM 20,–, und alle Schulbücher und Hefte mußten die Eltern selber kaufen. Viele Bücher besorgten wir in unserem Schulleben gebraucht von Schülern der nächsthöheren Klasse, damit die Haushaltskasse nicht so belastet wurde. Gerhard kam in den ersten zwei Jahren gut mit und wurde wegen seiner klaren hellen Stimme in den Heinrich-Albert-Chor, unter der Leitung von Herrn Opitz, aufgenommen. Als er sich dort bewährte, wurde sein Schulgeld auf RM 10,– monatlich ermäßigt. Dadurch war es meinen Eltern möglich, mich im Jahre 1937, ich ging bereits in die fünfte Volksschulklasse, auf die Kneiphöfische Mädchen-Mittelschule zu schicken. Die 12,– RM Schulgeld ermäßigten sich auf den Geschwisterbetrag von 9,– RM monatlich.
Vater hatte Mitte der 30er Jahre sein Ladengeschäft in der Schmiedestraße eröffnet und versuchte, das große Warenlager schuldenfrei zu machen. Er versprach, mich später ins Lyzeum umzuschulen.
Mit Vaters Geschäft ging es sehr schnell aufwärts, ein satter Wohlstand stellte sich ein, aber Gerhard entwickelte sich zum Mißfallen der Eltern zum regelrechten Faulpelz. Mit leichter Hand schob er Mutters Frage: »Hast du heute keine Schularbeiten auf?« beiseite. »In der Oberschule gibt es nicht viel auf, man lernt nur intensiv im Unterricht.« – Aber in Französisch und Latein begannen seine Hänger. Kurz vor Weihnachten traf der »Blaue Brief« ein (blau war die Farbe der amtlichen Umschläge im Gegensatz zur Privatpost). »Hiermit teilen wir Ihnen mit, daß bei gleicher Leistung in Französisch und Latein die Versetzung Ihres Sohnes Gerhard Skopp im April 1938 aussichtslos erscheint. Die Direktion der Vorstädtischen Oberrealschule.«
Eine Katastrophe brach über uns herein. Vater war ganz aus dem Häuschen. Sein Sohn, so ein schulischer Versager . . . Ich zitterte und weinte mit meinem Bruder.

Wie könnte ich ihm nur helfen? Ich hatte mit Englisch begonnen, Französisch sollte erst folgen. Wie wird das nahende Weihnachtsfest ausfallen? Alpträume und Niedergeschlagenheit verdarben uns jegliche Vorfreude. Aber Vater beruhigte sich, Gerhard versprach hoch und heilig, sich zu bessern, und am Heiligen Abend waren die Bescherung, die Weihnachtsmusik, die häusliche Gemütlichkeit wie in jedem anderen Jahr.

Im Frühjahr ließ Mutter, vor Vater verheimlicht, Gerhard von Herrn Mummert, einem jüdischen enteigneten Pelzhändler und Freund meines Vaters, Nachhilfestunden geben. Er wunderte sich nur: »Der Junge kann doch alles. Wo ich auch nachhake, wenn ich erkläre, er begreift schnell und leicht.« – Ich atmete auf, die nächste Lateinarbeit wurde eine Drei, die Französische sogar manchmal eine Zwei. Wir freuten uns alle. Herr Mummert, von den Nazis mit Berufsverbot belegt, fand in unserem Kreis Zuwendung, Liebe und auch materielle Unterstützung. Über die Abwendung der Gefahr des Sitzenbleibens waren wir glücklich.

Am Zeugnistag ging ich mit meinen guten Noten nicht gleich nach Hause, sondern wartete vor der »Vorstädtischen« eine bange dreiviertel Stunde, bis Gerhard am Ausgang erschien – strahlend, ich sah es gleich, er hatte es geschafft. Wir umarmten uns und waren beide glücklich.

Warum nur trödelte Gerhard im neuen Schuljahr wieder vor sich hin? Der liebe gute Junge war nicht zu bewegen, ernsthaft zu lernen. Von Prüfungsarbeit zu Prüfungsarbeit wurde er schlechter und schlechter. Mit der Versetzung zur Obertertia sah es brenzlig aus. Bevor in seinem Abgangszeugnis »Nicht versetzt« stehen könnte, nahm Vater ihn aus der Schule und ließ ihn drei Jahre Kürschnerlehre machen.

Ich sah das als großes Unglück an. Die Schule bedeutete mir sehr viel. In ihr fand ich Bereicherung, Kamerad-

schaft, Fröhlichkeit und Spiel. Wie würde Gerhard das verkraften? Erstaunlicherweise war er erleichtert, die Lernerei hinter sich zu haben und bei Vater für die spätere Übernahme des Geschäftes ausgebildet zu werden.
Mein Verbündeter fehlte mir sehr, da er bis abends arbeiten mußte und wir nicht mehr zusammen baden gehen, schlittschuhlaufen und bummeln konnten. Die langen Sommerferien wurden mir eintönig, nach drei Wochen sehnte ich den Schulanfang herbei. Die gemeinsame Kindheit wuchs ganz allmählich in das Erwachsensein hinein, die Interessen und Unternehmungen drifteten langsam auseinander.

»Auf der Mauer, auf der Lauer sitzt 'ne kleine Wanz.

Seht doch mal die Wanz an, wie die Wanz tanz' kann, auf der Mauer, auf der Lauter sitzt 'ne kleine Wanz.«

Ein Spottlied, das als Kanon bei unseren Jungmädel-Heimabenden am Mittwoch und Sonnabend Nachmittag oft gesungen wurde.
Im Jahre 1938 wurde die Hitlerjugend zur Staatsjugend erklärt, und alle Kinder mußten der Organisation beitreten. – Ich war also elfeinhalb Jahre alt, als es nicht mehr zu vermeiden war, daß auch ich den »Jungmädeln« anzugehören hatte. Ich liebte diese Versammlungen, Spiel- und Bastelnachmittage überhaupt nicht.
Erstens machten mir meine Eltern immer eine Szene, wenn ich zum »Dienst« mußte, zweitens bekam ich jahrelang kein einziges Uniformstück. So marschierte ich bei Ausflügen hinten im Haufen der »Lumpensammler« und

schämte mich entsetzlich. War am Sonntag ein Extradienst angesetzt, durfte ich nicht hingehen: »Der Sonntag gehört der Familie!« Damit konnten sich die Eltern eine Zeitlang durchsetzen, später wurde mit Staatsdrohungen der Dienst erzwungen. Eine weiße Bluse mit acht weißen Knöpfen zum Befestigen des dunkelblauen Rockes, einen schwarzen Schlips und einen braunen Lederknoten kauften sie mir erst, als auch die Schule zu öffentlichen Feierlichkeiten die Uniform vorschrieb, der Gruß »Heil Hitler« das »Guten Morgen, Herr Lehrer«, der kernige Nazispruch das Morgengebet ablösten.
Die Kameradschaftsführerin, der unterste Dienstgrad, war gerade zwei Jahre älter, die Scharführerin drei bis vier Jahre. Mir gaben diese Mädchen nichts. Den Lebenslauf von Adolf Hitler konnte ich bald rückwärts aufsagen, Spiele machte ich lieber mit meinen vertrauten Schulfreundinnen. Das Einsammeln der Brote und Äpfel beim Ausmarsch und das gemeinsame Abbeißen widerten mich an. Einzig das Sportfest hatte mich begeistert. Und so war ich sehr froh, als ich genug Fertigkeiten auf der Geige erlernt hatte, um im Jugendorchester bei Veranstaltungen mitspielen zu können und gemeinsam zu proben. Automatisch bekam man die rot-weiße Kordelschnur einer Kameradschaftsführerin, und meine Eltern waren mit meiner zwanzigjährigen Orchesterführerin einverstanden.
Wie sich mein Dasein in der Jugendorganisation gewendet hatte, so wandelte sich auch »die kleine Wanz«. Was eben noch erlaubt, war im nächsten Moment verboten.
Die »kleine Wanz«, ein Spottlied auf die Russen, mit denen Deutschland seit dem Ersten Weltkrieg ein nicht sehr rosiges Verhältnis hatte, wurde plötzlich strengstens verboten. Als Adolf Hitler den Polenfeldzug und alle folgenden schrecklichen Kämpfe und Besetzungen in Belgien, Holland, Frankreich, Nordafrika usw. plante, schloß er, um einen Zweifronten-Krieg zu vermeiden, am 23. August

1939 in Moskau einen Nichtangriffspakt mit der Sowjetrepublik ab.
Nun war das Ruder herumgeworfen, Rußland unser dickster Freund, und der lustige »Wanzenkanon« eine unter Strafe stehende Diffamierung.

»Zu den Möwen an die See«

war der Slogan der Ostdeutschen Eisenbahngesellschaft Königsberg (Pr.). Fast jede Königsberger Familie leistete sich an einem der schönen Sommertage wenigstens einmal im Jahr einen Ausflug an die See. Das meist besuchte Bad war Cranz, wohin die Cranzer Bahn vom Nordbahnhof für 1,20 RM mit der Sonntagsrückfahrkarte die Städter ca. 35 km, jede halbe Stunde, hinbrachte. Die Strände waren dann sehr überfüllt, was den Spaß etwas trübte.
Neuhäuser über Pillau lag etwa 50 km von Königsberg entfernt, die Fahrt war teurer und der Ort nicht so überlaufen. Die Züge fuhren vom Hauptbahnhof ab, wo sich unsere ganze Sippe zusammenfand. Die Frauen waren mit Paudelchens und Taschen bepackt, worin sich das Badezeug und die Verpflegung befand. Wir vier Kinder waren ganz aufgerebbelt vor Freude, jeder von uns wollte einen Fensterplatz ergattern.
Die Zugfahrt war für mich das schönste vom ganzen Tag. Die Fenster wurden an einem breiten Leinengurt hinuntergelassen, die frische Luft tat so gut. Verflixt noch mal, das erste Rußkorn von der Dampflok flog ins Auge. Es blieb nicht das einzige, bald war mein weißes Sommerkleid mit schwarzen Rußkrümeln übersät, Botho hatte sich am Fensterrahmen Hände und Gesicht beschmiert.

Schwupp, das Fenster wurde hochgezogen. Die Landschaft wurde sandiger, immer öfter tauchten Möwen auf, bald waren wir da.

Der Weg zum Strand war nicht weit. Wir Kinder liefen voraus, ein schönes Plätzchen zum Sandburgenbau am unbewachten freien Ufer zu suchen. Schaufeln, Ball, Tennisring und Badehosen wurden ausgepackt, und wir liefen barfuß durch den weißen warmen Seesand. Ein wunderbares Gefühl an den Füßen. Mit den Zehenspitzen wurde das Wasser erprobt. Es war nicht kalt, und bald verlegten wir unsere Bauten und Spiele auf den festen Ufersaum des Meeres, wo wir allerlei Strandgut fanden: Muscheln, Bernstein, Seetangblasen und Schneckenhäuser. Plagte uns der Hunger, sprangen wir mit einem großen Satz über den Burgenwall. Ach Herrjehmineh, ein Aufschrei der Erwachsenen. Eine Sandlawine war in die Essenstaschen gewirbelt. Der Kartoffelsalat, die Bratklopse knirschten zwischen den Zähnen, und besonders Großvater, der in voller Anzugmontur und Sportmütze sich in der Hitze gar nicht wohl fühlte, konnte sich überhaupt nicht beruhigen. Tante Lottchen bot ihm aus der Blechkapsel Brote mit Wurst und Gurke an. Weiß der Himmel, der Sand mußte Beine haben, auch das Brot war mit ihm »gewürzt«.

Allmählich entpellten sich die Frauen. Natürlich nicht viel, nur Strümpfe, Schuhe und Kleid. Da saßen dann die drei Schönen in ihren guten Sonntagsseiden-Unterröcken, ein Kopftüchlein gegen den Sonnenbrand, und rieben uns Kinder fleißig mit Niveacreme ein. Unsere Schultern und Arme waren schon knallrot geworden. Jetzt endlich zogen Onkel Artur und Vater sich die tollen schwarzen langen Trägerbadeanzüge aus Baumwolltrikot an und gingen mit uns schwimmen. Die Frauen bewachten die Kleidertaschen und kühlten später ihre Füße und Beine bis zum Knie im Wasser.

Gerhard, Lothar und ich konnten schon schwimmen, nur

Botho hielt sich an den Männern fest. Er war sehr wasserscheu.
Die Erwachsenen spielten Ringtennis, wir tummelten uns immer am Wasser. Dazwischen die Schreckensrufe, wenn wieder aus Vergeßlichkeit ein kühner Sprung von uns wilden Rangen auch das letzte Kuchenstück und den Kaffeebecher mit Sand berieselt hatte.
Gegen halb sieben gingen wir sehr traurig zum Zug. So ein schöner Tag wird wieder sehr lange auf sich warten lassen. Aber etwas trösteten uns die vielen Muscheln und Bernsteinstücke, die wir gefunden hatten. Sicher wird Opa jedem von uns zum Aufbewahren dieser Schätze eine seiner leeren Zigarrenkisten schenken.

Die Aufnahmeprüfung

Es galt, die erste große Prüfung meines Lebens zu bestehen. Als Gerhard vor zwei Jahren umgeschult wurde, gab es diese Hürde, ins Gymnasium zu kommen, noch nicht.
Mutter begleitete mich. Es begann gerade die große Pause, und die Schülerinnen der Kneiphöfischen Mädchen-Mittelschule kamen die Holztreppen des Flures herunter. Einige sahen so erwachsen aus, daß ich sie für Lehrerinnen hielt. In die Volksschule gingen die Kinder ja nur bis zum vierzehnten Jahr. Mutter meldete mich beim »Schuldiener« an, und ich wurde in das Klassenzimmer für die Fünfjahres-Volksschulabgänger geführt. Wir waren wenige, vielleicht sechs Mädchen, und saßen einzeln, mit zwei Schulbänken Abstand voneinander entfernt. Ungefähr siebzig bis achtzig Mädchen aus der vierten Abgangsklasse

wurden in zwei Klassen aufgeteilt. Hatten die es gut! Sie durften zu zweit, wie im normalen Schulalltag, sitzen. Die Mütter schickte man nach Hause. Der »Schuldiener«, der sich als Musik-, Botanik- und Deutschlehrer entpuppte, verteilte die Rechenaufgaben. Mit seinem altmodischen »Vatermörder«, der Halbglasbrille, einer schlabbrigen kittelartigen Schuljacke und derben Sportschuhen sah er gar nicht zum Fürchten aus. Und als ein Mädchen eine Bruchrechnung in ihrem alten Schulpensum nicht gehabt hatte und zu weinen anfing, zwirbelte er, etwas schelmisch aus seinen schmalen Augen blinzelnd, seinen Bismarck-Schnauzbart und sagte: »Wenn du das nicht kannst, dann gebe ich dir eine andere Aufgabe, ganz für dich alleine.« Das Aufsatzthema war nicht einfach. Und wenn Herr Krewald, Schnurrbart zwirbelnd, zwischen den Sitzreihen auf und ab ging, machte er manch trockene Bemerkung, die »zufällig« wunderbar zu dem zu lösenden Problem paßte. Wir wurden länger geprüft als die andern, die, befreit, lärmend durch den Flur liefen. Aber dafür erfuhren wir kurze Zeit nach unserem letzten Federstrich, daß wir alle sechs bestanden hatten und aufgenommen wurden. Herr Krewald blieb die ganze Schulzeit über unser kauziger Lieblingslehrer.

»Die Reichskristallnacht«

Die Saison in Vaters Geschäft hatte langsam begonnen. Wir warteten auf die ersten Schneeflocken, bastelten mit dem erweiterten Matador-Baukasten ein Karussell zusammen, aßen mit den Eltern zu Abend und gingen nach dem Abendgebet friedlich zu Bett.

Durch lautes Scheibenklirren schreckten wir alle hoch. Ist wieder ein Fuhrwerk in Ziersch's Lampengeschäft gerutscht? Aber jetzt, um vier Uhr früh? Bevor wir am Fenster waren, splitterten noch einmal Scheiben. Im Halbdunkel sahen wir Männer in braunen Uniformen durch den Rahmen in das Schaufenster steigen und im Laden die schönen Beleuchtungskörper zerstören. Am kleinen Füllfederhalter- und Feuerzeuggeschäft machten sich SA-Männer in der Auslage zu schaffen. Durch das zerstörte Glas angelten sie sich die handlichen Waren heraus und steckten sie in die Tasche. Danach zogen sie in Richtung Kaiser-Wilhelm-Platz weiter.
Vater ahnte Schreckliches. Gestern, am 7. November 1938, wurde durch das Radio die Meldung von einem Schuß auf den deutschen Legationssekretär vom Rath in der deutschen Botschaft in Paris gegeben. Der jüdische siebzehnjährige Herschel Grünspan wollte damit gegen die Judendeportationen protestieren und eigentlich den Botschafter töten. Vom Rath verstarb in der Nacht, und dies nahmen die Nazis zum Anlaß zu gezielten Ausschreitungen gegen Juden.
Wenn sie nun aus Versehen Vaters Geschäft auch zerstörten, das er eben so mühsam begann aufzubauen und schuldenfrei zu machen? Neben seinem Laden war ein jüdisches Porzellangeschäft mit wertvollen Markenerzeugnissen und etwas tiefer am Berg das Stoffgeschäft eines Juden. Vater und Mutter waren sehr aufgeregt, und Vater wollte sofort in die Nacht hinauslaufen. Sie hielt ihn zurück: »Du bringst dich und uns ins Unglück. Die Horden schrecken doch vor nichts zurück.«
Gegen sieben Uhr hielt es ihn nicht mehr zu Hause. Nein, sein Geschäft war unversehrt, aber im Porzellanladen waren alle Regale mit dem kostbaren Geschirr umgeworfen, die Auslagen zertrümmert. Die Stoffballen des anderen jüdischen Geschäfts hatten sie angesengt, bespuckt, auf ih-

nen uriniert und auf die Straße geschmissen. Zu unserer Freude übersahen die braunen Trupps den Oberhemdenladen von Herrn Frühling. Jede Nacht ließ er die dichten Jalousien am Schaufenster und der Ladentür herunter. Aber diese Rolladen wurden nie wieder hochgezogen, im Geschäft blieb es dunkel, und Herrn Frühling trafen wir nur noch selten.

Als ich am nächsten Tag aus dem Klassenfenster blickte, sah ich, daß die Synagoge am gegenüberliegenden Pregelufer ausgebrannt und nur ein kleines Nebengebäude stehengeblieben war.

Besonders fanatische Hitleranhänger brachten an ihren Geschäften, Gaststätten und Restaurants große Schilder an: »Juden unerwünscht«.

Die Plünderungen, der Hausfriedensbruch in der »Reichskristallnacht« blieben laut Gesetz von Heydrich ungesühnt. Konnten wir als Christen mit einer solchen Willkür leben? Selbst den jüdischen Friedhof schändeten sie, warfen Grabsteine um, verwüsteten die Beete.

Eine wohlbehütete Tochter

Ich begann, schwermütig zu werden. Aus der Zeitung suchte ich mir die Beerdigungsanzeigen von verstorbenen Kindern und Jugendlichen heraus und ging mit einem kleinen Blumenstrauß zu deren Beerdigung. Ich sang traurige Kirchenlieder und weinte dazu. Öfter wurde ich ohnmächtig und wollte unbedingt in ein Kloster gehen.

Meine Eltern bekamen es mit der Angst zu tun. Ein weitläufiger Familienangehöriger war als Missionar verschollen, und eine Tante hatte sich dem Heiland angelobt. Ich kam mit den politischen und sozialen Ungerechtigkeiten, die ich in meiner kleinen kindlichen Umwelt sah, nicht zurecht, auch nicht mit dem Gezerre zwischen den Pflichten der nationalsozialistischen Jungmädel-Bewegung und dem verständlichen Widerstand im Elternhaus. Es war das Schicksal einer wohlbehüteten Tochter, die nicht einmal in den damals berühmten Eisrevuefilm »Der weiße Traum« mit Sonja Heni gehen durfte, ohne die Begleitung von ein oder zwei Klassenkameradinnen. Ein Theaterbesuch vom Theaterring aus, mit dem Nachbarjungen, wurde erst möglich, wenn Bruder Gerhard und ein anderer Schulfreund als Anstands-»Wauwau« mit dabei waren. Es waren die ersten Emanzipationsversuche, tun und lassen zu dürfen, was den Jungen ohne weiteres zugebilligt wurde.

Ein Arzt mußte her. Wie sollte der wohl helfen? Er spritzte mir Traubenzuckerlösungen in den Arm und befreite mich ein halbes Jahr vom Schulunterricht, was mich total verzweifeln ließ. Täglich schlich ich heimlich bei Schulschluß auf die Dominsel, um von weitem meine Klassenkameradinnen zu sehen.

Allmählich legten sich die Depressionen der Pubertätszeit, aber eine tiefliegende Schwermut hat mich mein ganzes Leben begleitet.

Der letzte Umzug

Wieder einmal stand der Möbelwagen vor der Tür. Diesmal war es ein moderner geschlossener Kastenaufbau, mit weicher Innenpolsterung. Das Chassis lief auf dicken Luftgummireifen. Gezogen wurde er wie eh und je von starken Kaltblütern, für die wir seit Tagen altes Brot als Leckerbis-

sen aufgehoben hatten. Wir aßen nicht mehr Pommersche Wurst wie früher, sondern besuchten das »Königsberger Flecklokal«.
In letzter Zeit veränderte sich unser Lebensstandard zusehends. Vater und Mutter, beide Ende dreißig, Anfang vierzig Jahre alt, konnten nach schwerer Aufbauphase die Einnahmen ihres gutgehenden Geschäfts genießen. Gerhard und ich erhielten regelmäßiges Taschengeld, meine Gemeinschaftsgeigenstunden waren dem Einzelunterricht gewichen, nagelneue »Masovia«-Fahrräder beförderten uns leicht zur Badeanstalt und zu kleinen Ausflügen.
Ein neues Kleid, einen Mantel und Hut ging ich am liebsten mit Vater kaufen, weil nach alter Tradition die Höhe des Wirtschaftsgeldes nach wie vor von ihm bestimmt wurde. Er scheute nicht davor zurück, bei »Jasching«, dem Modegeschäft für Damenkleider, ein elegantes Modellkleid für sein »Töchting« zu bewilligen, ohne nach dem Preis zu sehen, und bei der Putzmacherin Hüte anfertigen zu lassen und selbstverständlich jeden Wintermantel mit einem exklusiven Pelzbesatz zu versehen. Zu meinem Pelzmantel schenkte er mir den passenden Muff.
Unsere neue Adresse war die Melanchthonstraße 5, erster Stock, am Pregelufer. Auf der Südseite des vierstöckigen Hauses blickten wir vom Balkon und aus den Fenstern auf den Fluß, der Tag für Tag, zu jeder Jahreszeit, ein sich stetig wandelndes Bild bot: Eisbrecher, die seitlich, an den Ufern, hohe Eisbarrieren auftürmten, in denen die kleinen Lastkähne eingefroren auf das Frühjahr warteten, mutige Bowkes, die, von Scholle zu Scholle springend, den Fluß überquerten. Am gegenüberliegenden Kohle- und Holzlager war reger Fuhrwerkverkehr, um die Hausbrandversorgung der Königsberger Bürger sicherzustellen. Winter wie Sommer schoben sich die großen Holzdampfer durch die geöffnete Holzbrücke pregelaufwärts. Auf den dortigen Bürgerwiesen gefror das Überschwemmungswasser,

das mit Schilf und Grasbuckeln eine mäßige Eisbahn bildete. Hin und wieder liefen wir dort Schlittschuh.
Im Frühjahr begannen sich die Ruderboot-Clubs zu beleben. Viele Gymnasien hatten ihre Zweier, Vierer und Achter auf eigenem Gelände liegen, in denen auf dem Pregel trainiert wurde. Das lautlose, pfeilschnelle Dahingleiten der Boote war ein ästhetischer Anblick. Nach dem Training badeten die Ruderer lautstark und übermütig im Fluß.
In den Tiefgeschossen unserer Häuserzeile am Uferkai waren Obst-, Käse- und Warenlager von Großhändlern. Im Parterre wohnte ein reicher Kohlenhändler, der sich bei der Kohlensackzuteilungsquote zu unserem Vorteil »verzählte«. Wir konnten daher die Kachelöfen gut heizen. Mit der zweiten Parterrefamilie lag unsere Mutter in ständigem Clinch. Sie besaß in der nahen Lutherstraße eine Musikalienhandlung. Die Ehefrau war Sängerin und pflegte, wenn der Durchschnittsbürger zur Ruhe ging, gegen 22 Uhr ihre Tonleiter- und sonstigen Übungen unter unserem Schlafzimmer mit lautstarker Klavierbegleitung zu absolvieren. Der sechzehnjährige Sohn bereicherte das Musikerlebnis mit Schifferklavier und Schlagzeug. Jede mündliche Beschwerde verhallte ungehört. Der Besenstiel war Mutters Racheengel, den sie ausgiebig auf die Holzdielen stieß. Für 20 Minuten verstummte der musikalische Lärm, um mit neuer Lautstärke Ärger auszulösen.
Manchmal meldete sich tagsüber unsere ältliche dicke Obermieterin mit Stockklopfzeichen, die, von der Decke schallend, unseren Geigentönen und Klavierübungen während der Mittagszeit galt. »Apfelblüte« nannte sich eine sehr alte Jungfer, die ihren zarten Teint dem morgendlichen Bad in eiskaltem Wasser zuschrieb. Zu ihrer Rechten liebte ein vertrocknetes, krummes Männchen nur noch seine Katze, sonst nichts mehr auf der Welt. Eine Witwe mit zwei erwachsenen Kindern und zwei andere

Mietparteien bevölkerten unser Haus. Die Familie Ferle, im gleichen Stockwerk unserer Flurtür gegenüber, wurde zu meinem Lebensschicksal.
Als wir damals einzogen, ahnte ich nichts von den kommenden Verflechtungen. Ich war dreizehn Jahre alt und trug lange blonde Zöpfe. Die erste Begegnung mit den Nachbarn fand beim Luftschutzsandschippen statt. Der Sand, in Eimer und Säcke gefüllt, mußte, als Brandschutz bei Fliegerangriffen, überall im Haus verteilt werden. Zu seltsam, daß ein großer junger Mann mir meine gefüllten Eimer aus der Hand nahm und für mich wegschleppte. Doch ich vergeudete keinen einzigen Gedanken an diesen Menschen.
Viel schlimmer war es, daß ich meine Unterwäsche bei der schweren Arbeit verschmutzt hatte. Heimlich wusch ich meinen Schlüpfer aus, zog ihn naß an, damit meine Mutter nicht schimpfen möge . . . Am nächsten Tag war meine Wäsche wieder verschmiert. Ich mußte es Mutter beichten. Es war meine erste beginnende Periode, und ich war nicht aufgeklärt. Bekamen das alle Mädchen, und warum, woher, wozu? »Das ist eben so, und später wirst du mehr erfahren.« Diese nichtssagenden Antworten! Ich war totunglücklich, daß Mutter meinem Vater von dieser Geschichte erzählt hatte. Er sah mich ganz eigenartig an und sagte: »Du wirst ja ein richtiges Fräulein.« Gerhard wußte nichts von diesem unangenehmen Wiederkehrenden, bei dem man nicht turnen und schwimmen gehen durfte. »Blöde Ziege, bist mal wieder launisch«, rief er und fuhr mit seinen Schulfreunden alleine in die Hansa-Badeanstalt am Oberteich.
Für die Turnstunde schrieb Mutter eine Entschuldigung. Ich wußte nicht, weil diese Themen für alle Tabus waren, ob Mitschülerinnen ebenfalls »damit« behaftet waren, oder gab's das nur in unserer Familie?
Jeder Alleinausgang mußte begründet, beim Besuch einer

Freundin um Erlaubnis gefragt werden. In der weitläufigen Verwandtschaft war ein uneheliches Kind zur Welt gekommen. Diese Schande! Vater fühlte sich bemüßigt mir zu drohen: »Wenn du mit einem Kind nach Hause kommen solltest, bist du unsere Tochter nicht mehr.« Ich verstand diese Vorhaltung überhaupt nicht. Wie kam man zu einem Kind? Was hatte ich mit derartigen Vorkommnissen zu tun? Eine Aufklärung fand wieder nicht statt. Heimlich hatten Gerhard und ich, als Mutter außer Haus war, in den Medizinbüchern ihrer Operationsschwesternzeit geblättert, die sie im Wäscheschrank versteckt hatte. Wir entdeckten darin Abbildungen von kleinen verkrümmten Babys mit einer dicken blauen Ader am Bauchnabel, gräßlichen Hautausschlägen, von den inneren Gehörgängen des Ohres, vom Skelett, aber irgendwelche Artikel über körperliche Vorgänge selber lasen wir in der kurzen Zeit nicht. Der Biologieunterricht gab ebenfalls keinerlei Antwort auf die Probleme unserer Pubertät.

Der lästige Begleiter

Jeden Donnerstag mußte ich den weiten Weg zur Geigenstunde in die Schützenstraße, einer Querstraße des Mitteltragheim hinter dem Regierungsgebäude, gehen. Gewitzt paßte ich an der Straßenbahnhaltestelle »Lutherstraße« die Linie 2 ab, welche den steilen Mittelanger über den Roßgärtermarkt zum Königstor fuhr. Wenigstens das kleine Stückchen Fußmarsch bis zum Roßgärtermarkt konnte ich mir ersparen, und zwar kostenlos, wenn ich den Vorderperron des Anhängers bestieg. Die Schaffnerin mußte nämlich laut Sicherheitsvorschrift das große Bremsrad auf dem Hinterperron von der Sicherungskette lösen, um zur Zusatzbremsung des Zuges bei Unfällen bereit zu sein. An der oberen Haltestelle sprang ich, ehe sie zum Kassieren kam, flink hinaus und sauste Richtung Weißgerberstraße, Schloßteichbrücke ab.

Die Geigenlehrerin war nicht streng, wir spielten oft Duo, und nach einer Stunde war ich entlassen. Von der gegenüberliegenden Seite der Straße grüßte mich der junge Mann der Familie Ferle. Er wäre gerade zufällig hier beim Arzt gewesen – ob wir nicht zusammen nach Hause gehen könnten. Mir war die Sache höchst peinlich, was wollte dieser viel zu alte Junge von mir? Und nun trug er auch noch meine Geige. Ich sprach auf dem Heimweg kein einziges Wort. Er philosophierte über mir unverständliche Themen. Gräßlich, hoffentlich treffe ich ihn nicht öfter!
Aber Woche für Woche stand er treu und verläßlich in der Straße meiner Geigenlehrerin, um mich nach Hause zu begleiten. Die faulen Ausreden hatte er aufgegeben, geblieben waren seine komplizierten wissenschaftlichen Monologe. Mich interessierte damals viel mehr der fünfte Band von »Goldköpfchens Brautzeit« oder »Gerti als Backfisch«. Die Aufdringlichkeit nahm zu. Kaum fiel morgens unsere Wohnungstür ins Schloß, und ich sprang in großen Sätzen die Treppen hinunter, weil es wieder einmal spät geworden war, schoß er genauso schnell aus seiner Tür und hinter mir her. Bis zur Holzbrücke hatten wir einen gemeinsamen Weg, dann bog er zum Löbenichtschen Realgymnasium ab, ich zur Dominsel.
Allmählich gewöhnte ich mich an die Begleitung, war froh, daß er mir die schwere Tasche trug, und wir einigten uns sogar auf frühere Aufbruchzeiten, damit er mich bis an meine Schule begleiten konnte. Mutter, die mir aus dem Schlafzimmerfenster hinterherwinkte, bemerkte mit einigem Mißfallen diese unerwartete Situation. Das einzig erfreuliche für sie war, daß sie mich nicht laufend mahnen mußte, beeil dich, du kommst zu spät.
Es mag ein Jahr gedauert haben, bis ich seine Monologe mit kleinen Einwürfen unterbrach, ihm von Schulärgernissen oder kleinen Problemen erzählte. Ich erkannte, daß er eigentlich gar nicht so uralt und ganz nett war. Er

gewann immer mehr mein Vertrauen. Gerhard war durch seine Kürschnerlehre tagsüber für mich als Kamerad nicht greifbar, und Horst, neunzehneinhalb Jahre alt, stand kurz vor dem Abitur.
Ich begann mit der Zeit sogar ein bißchen stolz zu werden, so einen erwachsenen Freund zu haben, was meinen Lehrkräften allerdings gar nicht behagte. Ein junges Mädchen läßt sich jeden Morgen bis an die Schultüre bringen, das verstieß gegen Anstand und Sitte. Der Herr Direktor flößte sein Mißfallen der Klassenlehrerin ein, die, mit immer roter werdendem Kopf, eine Moralpredigt hielt und das Begleitverbot aussprach. Sie fiel aus allen Wolken, als ich nicht beschämt das Haupt senkte, sondern aufstand und feststellte, daß die Straßen öffentliche Verkehrswege wären, die jedem Bürger zur Verfügung stünden, und ich nichts Unanständiges daran finden könnte, wenn zwei junge Menschen zusammen zur Schule gingen. Außerdem wüßten meine Eltern von dieser Freundschaft und wären mit der Familie bekannt. Sprachloser habe ich keinen Menschen erlebt. Nach dem Unterricht bat sie mich, wenigstens schon an der Honigbrücke meinen Freund zu verabschieden. Dieses war für die damalige Zeit ein sehr kühnes Verhalten.
Im Februar 1941 machte Horst sein Abitur und lud mich zu seiner Feier in der Familie ein. Gab das einen Aufstand zu Hause. »Kommt überhaupt nicht in Frage, das schickt sich nicht für ein junges Mädchen.« Schluß! Darüber wurde nicht mehr gesprochen. Anders aber reagierte Horst, der so unbändig in mich verliebt war. Er schickte einige Tage vor der Feier seinen Vater zu uns herüber, der eine förmliche Einladung an Fräulein Skopp aussprach. War das meinen Eltern peinlich! Ablehnung wäre ein Affront gegen die Familie Ferle gewesen. Sehr unterkühlt war die Verhandlung, doch sie endete mit der Zusage, bis 20 Uhr abends.

Nach einem verunglückten Kußversuch vor Wochen bekam er nun von mir den ersten Gratulationskuß. Um 20 Uhr ersuchte Herr Ferle um eine Verlängerungsstunde bei meinen Eltern. Um 21 Uhr verließ ich endgültig die gemütliche Gesellschaft von Horsts großer Verwandtschaft und wurde in unserer Wohnung mit Vorwürfen überschüttet. Es war eine schreckliche Zeit der Verquickungen: Auf der einen Seite der Jugendfreund, der mit mir zusammen sein wollte, auf der anderen Seite die sich verantwortlich fühlenden Eltern.
Meine Angst, der Speichel eines Kusses könnte im Bauch ein Kind wachsen lassen, wurde größer. Lange wagte ich nicht, Mutter danach zu fragen, bis ich eines Tages glaubte, diese Zweifel nicht mehr auszuhalten. »Speichel, nein, davon gibt's keine Babys. Wie kommst du darauf? Später, wenn du erwachsen bist, werde ich dir alles erklären.« Wieder stand ich mit meinen Fragen alleine da.

Kater Runz

Auf der Hofseite errichteten Bauarbeiter an der gesamten Hausfront ein hohes Gerüst für Renovierungsarbeiten. Es war Sommerzeit und die geöffneten Fenster der Wohnungen ließen Sonne und warme Luft herein. Das nutzte der dicke schwarze Kater der Familie Ferle zu Eroberungsspaziergängen aus und untersuchte viele Behausungen. Unser neues, schwarz lackiertes Klavier hatte er sich als Ruheplatz ausgesucht. Als Mutter ahnungslos das Zimmer betrat, erschreckten beide fürchterlich. Kater Runz wollte schnell entfliehen, rutschte auf dem glatten Deckel aus und ritzte mit seinen Krallen lange tiefe Spuren ein. Meine Eltern waren sehr böse, was meiner Freundschaft nicht gut tat. Dabei blieb es aber nicht. Im Wohnzimmer wurden nur noch die Oberlichter geöffnet. Das Unheil geschah diesmal in der Küche. Mutter hatte von zwei Wochen aufgesparten Fleischmarken Rindsrouladen gekauft, die,

ausgebreitet für die Füllung, auf dem Küchentisch lagen. Sie unterbrach kurz die Arbeit, um Fäden zum Umwickeln aus dem Nähkorb zu holen. Bei ihrer Rückkehr saß das große schwarze Biest genüßlich über dem Fleisch und hatte eine Roulade verschlungen. Sie schlug mit dem Kochlöffel auf den Kater ein, der sprang mit einem großen Satz auf das Gerüst und lief zum Balkon der Nachbarn.
Die erzürnte Mutter sprach mit Frau Ferle über das Malheur, die ganz niedergeschlagen war und mit neuen Fleischmarken den Schaden wiedergutmachen wollte. Horsts Mutter war die zarteste, mitleidvollste Frau, die man sich denken konnte, und ich hatte zu ihr eine große Zuneigung gefaßt.
Es war wie verhext, der Kater entkam in unbeobachteten Momenten immer wieder seinem Zuhause und hatte sich eines Tages selber in unserer Speisekammer gefangen. Neugierig und auf Beute aus, schlüpfte er durch die schmale Lüftungsluke hinein, konnte sich in dem kleinen Fach nicht umdrehen und mußte schon lange darin gekauert haben. Wie Satan selbst schoß er beim Öffnen der Tür heraus, fand keinen Fluchtweg, wurde von Mutter mit dem Teppichklopfer spürbar vertachtelt und aus dem Küchenfenster gejagt. Von da an herrschte Ruhe in unserer Wohnung.

Krieg

Am 1. September 1939 griff die deutsche Wehrmacht Polen an. In Adolf Hitlers Sprache hieß es so: »Seit heute früh 5.45 Uhr wird an Polens Grenze zurückgeschossen.«
Vater faltete die Zeitung zusammen, sah unseren fünfzehnjährigen Gerhard an und sagte: »Mein Gott, Junge, wie gut, daß du noch so jung bist. Mit den heutigen grausamen Waffen kann der Krieg höchstens zwei Jahre dauern . . .«, nahm ihn in die Arme und drückte ihn fest an sich. Und zwei Tage später, als am 3. September 1939 England und Frankreich uns den Krieg erklärten, kommentierte er erschüttert die Nachricht: »Und somit haben wir ab heute den Krieg verloren.«
Gleich am nächsten Tag setzten die Hamsterkäufe ein, die vom Parteiapparat ganz schnell abgeblockt wurden. Sofort erschienen die Hauswarte mit Lebensmittel-, Kleider- und Seifenkarten. Unser Leben wurde täglich stärker und stärker katalogisiert, rationalisiert und diktiert.
Vater war einundvierzig Jahre alt und wurde nicht zur kämpfenden Truppe eingezogen. Im Laden nahmen die Privatgeschäfte ab, die meisten Felle wurden zu Wehrmachts- und Fliegerwesten verarbeitet. Für die Häuser wurden Block- und Luftschutzwarte ausgebildet, die das Füllen von Sandsäcken, Anfertigen von Feuerpatschen (ein Besenstiel mit einem festen, breiten Lappen), Aufstellen von Wassereimern vor und hinter der Wohnungstür, das Entrümpeln der Dachböden von brennbarem Material, das Verteilen von Gasmasken, vorschriftsmäßiges Verdunkeln der Fenster und die Schulung von Verhaltensweisen bei Fliegeralarm zu überwachen hatten.
Im Hof erschienen extra Abfalleimer für futterverwertbare Küchenreste, die von den Bauern der Umgebung zur Schweinemast abgeholt werden mußten. Diese Eimer

kontrollierten unsere Hauswarte, ob irgendwelche Bürger vielleicht ohne Lebensmittelkarten sich überreichlich Nahrungsmittel verschafft hätten.
Bald klappte die »NSV-Schweineverwertung« nicht so, wie geplant. Die Schweine krepierten zum Teil an verfaulten Kartoffelschalen und durch aus Unachtsamkeit hineingeratene kleine Glas- oder Eisenteile.
Die Kontrollen und Bevormundungen des Naziregimes krochen aus den Hinterhöfen langsam in die Häuser und Wohnungen hinein. Es wurde der Eintopf-Sonntag eingeführt. An einem von der Partei bestimmten Datum durfte in jeder Familie nur eine Suppe gekocht werden. Der ersparte Geldbetrag von dem sonst üblichen Sonntagsbraten wurde von den Kochtopf-Kontrolleuren eingesammelt. Wehe dem, der bei einem Kotelett oder bei Rindsrouladen erwischt wurde.
Aber der Kochtopf alleine genügte nicht. Als es in Deutschland immer mehr Fliegerbombengeschädigte gab, Spinnstoffe knapper wurden, erschienen von der NS-Frauenschaft die Kleiderschrankschnüfflerinnen. Jeder Mann durfte zum Beispiel nur zwei Anzüge besitzen, schon der dritte wurde einkassiert. Selbst den Wäscheschrank inspizierten diese Frauen bei meiner Mutter, als sie im dritten Kriegsjahr für uns immer erwachsener werdende Kinder zweimal Bettwäsche-Bezugsscheine beantragt hatte.
Die Schulkinder wurden zu Altmaterialsammlern: »Lumpen, Eisen, Silber und Papier, / ausgeschlagne Zähne sammeln wir . . . / Lumpen, Eisen, Silber und Papier, / ja das sammeln wir«, sangen wir sogar bei Jungmädelmärschen.
Die Schulen mußten Räume zur Lagerung von Zeitungen, Metall, Zahnpastatuben und Knochen bereitstellen. Unser Französisch- und Geschichtslehrer Dr. Zimmermann überwachte diese Aktion, wog jedes Sammelgut des Schülers ab, trug die Kilogramm in Listen ein und am Jahresen-

de erhielt die tüchtigste Sammlerin ein Buch mit Belobigung. Einmal wurde auch ich ausgezeichnet, als mein Vater aus seinem Betrieb durch die »Roten Radler«, eine Dreiradauto-Vermietung, Werkstatt-Stoffreste in die Domschule transportieren ließ. Die unappetitlichen Knochen stanken pestilenzartig den ganzen Monat über in der Schulhofecke.
Als Deutschlands Krieg dann zu einem totalen mit vielen Fronten eskalierte, mußte gegen Spendenablieferungsbescheinigungen jeder Haushalt »freiwillig« sämtliche persönlichen Metallgegenstände abliefern: Skulpturen, Brieföffner, Messingbeschläge, Zinngeschirr, Kunstwerke usw.
Kirchenglocken wurden eingeschmolzen. Die Nazikrallen schärften sich und schlugen rücksichtslos und hart bei jeder Versagung ihrer Befehle zu.

Winter

Der Winter und mit ihm das Weihnachtsfest bergen selige Erinnerungen. Obgleich für die Eltern durch das Pelzgeschäft, die anstrengende Fertigung von Pelzmänteln, Jacken, Fuchs-, Marder-, Nerz-, und Iltiskolliers, Muffen, Reparaturen abgescheuerter, mottenzerfressener alter Prachtstücke weniger betuchter Bürgerfrauen, Tage und Nächte mit Arbeit ausgefüllt waren, herrschte eine freudige Erregung.
Der Verkauf von Fertigpelzwerk brachte die größten Einnahmen des Jahres. Vater regierte in seiner gutmütigen Art in der Schmiedestraße über seine zwanzig Angestellten in der Werkstatt im zweiten Stock des Hauses und kümmerte sich auch in dem im Parterre gelegenen Laden

um besonders empfindliche Kundschaft und nahm persönlich Maß bei Neuanfertigungen.
Da ließ er zu Hause in der Melanchthonstraße 5 oftmals lautstark seinen Frust los, wenn »die damm'lige alte Schrull« zum Maßnehmen eines Mantels im dünnen Kleidchen und leichter Unterwäsche erschien, um attraktiv und zierlich auszusehen, und bei der ersten Anprobe, plötzlich an kalte, harte Wintertage denkend, in dickes Winterzeug, mit den unaussprechlichen langen Bleyle-Schlüpfern und warmen Wollunterhemden eingemummelt war. Der noch ungefütterte Pelzmantel kniff jetzt unter den Achseln, die Seitennähte krachten, die Knopfleiste ließ sich über dem ausgestopften Bauch und der dicken Hüfte nicht mehr schließen. Das waren Ärgernisse der vielfältigsten Art, aber die großen Abendkassen versöhnten und erfreuten.
Gerne weilte ich in unserer Werkstatt. Schon damals auf dem Gesekusplatz, wo Vater in Königsberg den Aufbau seines Betriebes begann, durfte ich manchmal beim Abzwecken der gespannten Pelzteile von der großen Holzplatte helfen. Aus kleinen Abfallstücken von Lamm, Persianer, Fuchs oder Seal nähte ich mir Puppenkram oder nagelte aus Zweckstiften, Heftfäden, Fuchsglasaugen und leeren Garnrollen ganze Phantasiegärten und Tierparks zusammen. Gingen die Angestellten heim und Vater arbeitete bis in die Nacht hinein weiter an besonderen Meisterstücken, erschien Mutter von zu Hause mit Bohnenkaffee, lecker belegten Broten und vielleicht auch mal mit ein paar Schokoladenkringeln. Das waren gemütliche Werkstattstunden unter den grünen Glasschirmen der Arbeitslampen.
Und wie schnell Vater auf den ersten elektrischen Pelznähmaschinen die zur Verarbeitung in feine Streifen zerschnittenen Fuchsfelle wieder zusammennähte, was ich nie probieren durfte. Als Vater Anfang 1942 bei mir für

einen langausgelassenen Bisamrückenpelzmantel zu meiner Konfirmation Maß nahm, war die Freude riesengroß, und ich saß oft bei den Pelznäherinnen und Kürschnergesellen, die schwierige Fertigung beobachtend.

In den Straßen türmten sich zusammengeschobene Schneehaufen. Unermüdlich schaufelten Arbeiter die weiße Pracht auf LKW's, die ihre Ladung in den Pregel schütteten. Bald war der Schloßteich zugefroren und für den Eislauf freigegeben. Dann packten wir unsere Schlittschuhe, die an unsere Winterschuhe mit einem Spezialschlüssel angeschraubt wurden, und tummelten uns auf dem Eis. Dort trafen wir immer Schulfreunde. Kniff der Frost zu sehr in die Wangen, gab's auf dem eingezäunten Ufer eine Holzhütte mit einem runden Kanonenofen und ein paar Holzbänken, wo man sich aufwärmen konnte. Zehn Pfennig kostete der Eintritt für das Eislaufvergnügen.

Die Stadt wurde immer festlicher. Stände boten rote kandierte Äpfel an. Auf dem Münzplatz, vor der Universität und am Kaiser-Wilhelm-Platz standen riesige Lichtertannenbäume. Die Geschäfte schmückten ihre Schaufenster mit Zweigen und Weihnachtskugeln. Im obersten Stockwerk von »Karstadt« war eine große elektrische Kindereisenbahn aufgebaut. Wie oft sind wir die vielen knarrenden Holzstufen dort hinaufgeklettert, um dieses Wunderwerk zu bestaunen. Aber das Spielwarengeschäft in der Junkerstraße hatte noch viel mehr unerreichbare Schätze. Mutter ging einmal mit uns hinein, um unseren beiden Cousins etwas für Weihnachten zu kaufen. Gerhard war fasziniert von den farbigen Soldaten und einer kleinen Blechkanone, die mit Erbsen schießen konnte. Ich interessierte mich für alles Aufziehbare, das sich bewegte, lief oder kletterte.

Immer näher rückte das Weihnachtsfest. Eines Tages hing in der Kälte draußen am Küchenfenster zum Hof in Pergamentpapier gehüllt die Weihnachtsgans. Das war unser winterlicher Kühlschrank, und kluge Meisen wußten ih-

ren Gänsepürzel auch durch das schützende Papier zu finden, indem sie es aufhackten. Das war niedlich anzusehen und gehörte zur Vorfreude.
Den Gang zu Großvaters Geburtstag am 24. Dezember gab es nicht mehr. Er war gestorben. So blieb uns ein langer Heiliger Abend in der kleinen Familie. Das Weihnachtsgedicht wurde von der Hausmusik abgelöst. Vater und ich spielten Geige, Gerhard Klavier. Dazu sangen wir die Weihnachtslieder »Stille Nacht, heilige Nacht«, »Ihr Kinderlein kommet«, »O Tannenbaum«, »O du fröhliche, o du selige« und als Abschluß »Vom Himmel hoch, da komm' ich her«, weil wir vom Schloßturm bis ans Pregelufer, wo wir jetzt wohnten, den Bläserchoral hinter geschlossenen Doppelfenstern nicht mehr hören konnten.
Der erste Feiertag war mit der schönste. Vater lag nach monatelanger Schufterei bis in den Vormittag hinein im Bett und las in seinem Weihnachtsbuch, wobei ihm der Gänsebratenduft genüßlich in die Nase stieg. Mutter heizte in der Frühe den großen schwarzen Küchenherd mit Kohlen an und schob die Gans, mit Äpfeln und Majoran gefüllt, in die Bratröhre, damit das Festessen pünktlich um zwölf Uhr mittags auf den Tisch kam. Vater hatte schon am Abend vorher ein schönes Weißweinchen in die Speisekammer gestellt. Allmählich entfaltete auch der mit gebräuntem Zucker und Äpfeln aufgesetzte Schmorkohl seinen köstlichen Duft.
Gerhard und ich hatten Fotoapparate bekommen, und vor neugieriger Spannung hielt es uns an diesem Morgen nicht lange im Bett. Mit dem Versprechen, pünktlich zum Essen zu Hause zu sein, durften wir im frostklaren Sonnenschein unsere erste Fotoexkursion machen. Uns zog es zum Hafen am Pregel, wo die großen Handelsschiffe, im Packeis eingeschlossen, am Kai lagen. An den Ankerketten hingen lange Eiszapfen und bildeten bizarre Formationen. Es wurden sehr gute Fotoimpressionen.

Am zweiten Feiertag gingen wir Schlittschuhlaufen. Vater zog seinen dunklen Innenpelzmantel mit langem Otterfellkragen, eine Persianerpelzmütze und zwei runde schwarze Ohrenklappen an eisernem Bügel an. Wir Kinder sausten auf dem Schloßteich wild umher, jagten uns und kehrten immer wieder zu unserem in aufrechter, straffer Haltung vornehme Halbkreise ziehenden Vater zurück. Mutter, die nicht zu bewegen war, Schlittschuhe anzuschnallen, begann zu frieren und eilte uns voraus nach Hause, um den Weihnachtskaffee zu bereiten.
Manchmal gingen wir alle vier auch auf der eintrittsfreien Eisfläche des Schloßteiches hinter der Holzbrücke schliddern. Es tummelten sich jung und alt auf dem vom Schnee nicht geräumten Eis. Aber allmählich begannen sich von Anlauf und Auf-Schuhen-rutschen lange blanke Eiszungen herauszubilden, die sich bis zu den Schloßteich-Kaskaden, kurz vor dem Oberteich, hinzogen. Ein Ruf: »Vorsicht« – Anlauf – Rutsch! Hei, wie das flitzte. Das Hinfallen gehörte dazu.

Der alte Kleiderschrank

Nicht für »Gut oder Geld« (alte ostpreußische Redensart) hätten wir dich hergegeben. Du gehörtest von Anfang an zu uns. Mutter begegnete dir als elfjährige Vollwaise bei Prof. Dr. Clausen, der sie an Kindesstatt ins Haus aufnahm. Sie bestaunte genauso, wie wir später als Kinder, deinen imposanten Umfang. Drei Türen, in deren eine der kunstvoll geschliffene ovale Kristallspiegel eingelassen war, hatten beim Öffnen ihre eigene Sprache und Melodie. Und hinter dem verzierten hohen Aufsatz verbargen

sich manche Schachteln, der Zylinderhutkarton und später unsere zwei Geigenkästen.
Mutter brachte dich als Mitgift in die Ehe. Du hörtest den ersten Schrei von Gerhard und eineinhalb Jahre später den meinen. Windeln, Babyjäckchen und -hemden stapelten sich genauso in den Wäschefächern wie die Aussteuer, Herren- und Damenunterwäsche. Im tief gelegenen Boden des Kleiderabteils ruhten, gut verpackt, Mutters Konzertzither und ihre Noten. Sie spielte selten darauf, aber wenn, dann waren es besondere Feierstunden. Auf der Zither thronte in der Ecke ihre kostbare Porzellangliederpuppe mit echtem Haar, Schlafaugen und elegantem Spitzenkleid. Als ich klein war, durfte ich die Puppe nur bestaunen, später wollte ich nicht mit ihr spielen. Die vielen Gelenke waren mir unheimlich, und ich zog die Celluloidpuppe, Marke »Schildkröte«, vor. So saß sie verlassen Jahr für Jahr und sah nur dem Kleiderwechsel auf der Messingstange zu. Die Moden und Farben wechselten, die Länge der Kleider, die Stoffarten. Auf dem Hutbrett lagen wenige, aber phantasievolle Gebilde, mit Kunstblumen und Obstdrapierungen, ein Strohhut für den Herrn und einer für die Dame. Der »Homburg« und die Persianerfell-Wintermütze von Vater waren gegen Mottenfraß mit Seidenpapier umhüllt.
Wie oft wurde der Schrank fachmännisch von den Umzugsmännern auseinandergenommen und in der neuen Wohnung zusammengebaut. Als meine Eltern sich in der Melanchthonstraße ein modernes Eichenschlafzimmer kauften, wanderten der gute alte Schrank und die Messingbetten in Gerhards Zimmer. Meine kleine Kammer, ehemals für das Dienstmädchen, war so eng, daß darin lediglich ein zierliches Bücherschränkchen und eine Couch Platz hatten. Außerdem war sie unheizbar, und ich schlief fast immer im Elternschlafzimmer in einer Nische.
Jetzt gehörte der große Schrank uns beiden gemeinsam.

Wir teilten gerecht Fächer und Kleiderstange, belebten seinen Inhalt neben der Wäsche mit Büchern, besonderen Lieblingsdingen wie Fotoapparat, Rucksäckchen und Schmuckdose. Auf der Hutablage breiteten sich Wollmützen, Ohrenschützer, Fausthandschuhe und meine zwei ersten modischen »Tropenhelm-Hüte« in Grau und Blau und Gerhards Konfirmationshut aus.
Die Deckbodenplatte hinter dem Gesims blieb immer noch den Geigen vorbehalten. Nur etwas hatte sich an deren Benutzung geändert. Spielte Vater früher noch öfter schwere Stücke aus seiner Studienzeit bei Herrn Prof. Scheffer, musizierte er jetzt fast gar nicht mehr. Das Geschäft, die vielen Angestellten brauchten seinen vollen Einsatz. Der Tag war gekommen, an dem er mir feierlich die wertvolle »Klotz«-Geige überreichte und dadurch viel Ansporn zum Üben gab. Die billige Schulgeige wurde nur noch an Weihnachtstagen als Notinstrument ausgepackt.
Die »Klotz«-Geige hatte sich Vater als lediger Kürschnergeselle durch Überstunden hart verdient. Seinen Traum, Lehrer zu werden, begrub der Erste Weltkrieg. Nun wollte Vater, neben der erzwungenen Kürschnerlehre, ein Musikstudium absolvieren. Nach zwei Jahren, täglich abends vier bis fünf Stunden übend, tagsüber schwer arbeitend und die Probleme der Wirtschaftskrise mit Hunger, Elend, Inflation bewältigend, gab Vater seinen Traum, Musiker zu werden, auf. Ich sollte ihn vielleicht wieder aufleben lassen.
Viel hast du schöner, lieber, alter Schrank mit uns in unserer Stadt Königsberg erlebt. Auch die Trauerkleider für Bruder Gerhard hast du noch einige Tage in dir beherbergt, bis du am 29. August 1944 mit all deinen Schätzen zu einem kleinen Häufchen Asche verbranntest.

Der Pregel und seine Brücken I

Die Schiffspassage

Wenn ich an Königsberg denke, sehe ich unvergeßlich vor mir den Pregel, den Dom und das Schloß. Sie haben meine Kindheit und Jugend geprägt, waren die nahen Vertrauten, die unsere Wohnung am Gesekusplatz Nr. 6, das Pelzgeschäft in der Schmiedestraße und die spätere Wohnung in der Melanchthonstraße Nr. 5 umschlossen, bewachten und mir liebe Verbündete waren. Um sie ranken sich meine Jugendeindrücke, Erlebnisse, meine Spiele, Streifzüge, Beobachtungen, Pflichten, Freude und Trauer.

Natürlich waren Pregel, Dom und Schloß für alle Menschen die großen Wahrzeichen von Königsberg, an die man sich halten konnte, mit denen man lebte.

Geographisch unseren alten, treuen Pregel einzuordnen, fällt mir schwer, und ich muß mein Gedächtnis schon sehr anstrengen, um mich an seine Quellflüsse zu erinnern. Waren es nicht die Angerapp, Pissa und Inster, die sich bei Insterburg als Pregel vereinten, der, ca. 100 km entfernt, in das »Frische Haff« mündete? Welch sonderbare Namen?!

Auf seinem Wege teilte sich der Pregel noch einmal am »Roten Krug« in den Alten (südlich) und Neuen (nördlichen) Pregel. Beide Pregelarme umschlossen dann liebevoll in der Stadt Königsberg unsere Kneiphöfische Dom-Insel und flossen vereint durch die Altstadt, das Speicherviertel, den Hafen, unter der Eisenbahnbrücke, der Reichsbahnbrücke eilig der Ostsee zu.

Und da bin ich auch schon beim Thema meiner kleinen Geschichte, bei den zehn Brücken von Königsberg.

Diese Brücken beförderten zwar den Verkehr über unseren Fluß – doch nein: jeder Einwohner hatte sicher oftmals still oder auch laut geflucht, wenn er die steil in die Luft ragenden Brückenteile sah, zwischen denen male-

risch schlank und hoch ein großer Segler fuhr oder sich dampfend und unförmig dick ein riesiges Frachtschiff schob. Die Erwachsenen erreichten nicht rechtzeitig ihre Arbeit oder Verabredung, wir armen Schülerinnen kamen dann hoffnungslos zu spät in die Schule.
Der Pregel schnitt unsere Stadt buchstäblich mittendurch. Die große Reichsbahnbrücke war eine der seltenen Drehbrücken der Welt. Die Brückenteile mit Geh- und Fahrbahnuntergeschoß und Eisenbahnobergeschoß wurden seitlich auf große, mitten im Strom gemauerte Unterbauten ausgeschwenkt. Und immer, wenn einige Schiffe passieren wollten, stand der Zug-, Auto- und Menschenverkehr still.
Ja, das gab's damals noch: Einfach stillestehn.
Unsere Schule auf der Dominsel war fast für jede von uns nur über eine oder sogar auch zwei Brücken zu erreichen. Was hatten sie für herrliche Namen:

Hohe Brücke =	Weidendamm, Brückenstr., Viehmarkt.
Kaiserbrücke =	Weidendamm, Kaiserstr.
Honigbrücke =	Lindenstr. mit Synagoge, Domstr. Nr. 5, unser Schulnebengebäude mit Handarbeitsraum
Holzbrücke =	Münchenhof, Lindenstr.
Schmiedebrücke =	Schmiedestr., Schonbergerstr.
Krämerbrücke =	Kantstr., Kneiphöfische Langgasse
Grüne Brücke =	Kneiphöfische Langgasse, Vorstädtische Langgasse
Köttelbrücke =	Köttelstr., Schnürlingstr.
Eisenbahnbrücke =	Lizentgrabenstr., Friedrichsburgerstr.
Reichsbahnbrücke =	Deutschordenring, Reichsstr.

Immer wieder passierte es mir: zu lange im Bett gelegen, beim Ankleiden getrödelt, die Schultasche nicht gepackt, das Frühstück, halb stehend, halb sitzend hinuntergeschlungen und im Laufschritt zur Holzbrücke geeilt. O nein, nicht schon wieder, auch das noch!! Die Brückenwärter trillerten auf ihren Pfeifen, auf jeder Pregelseite zog je einer die Absperrkette per Hand über die Geh- und Fahrbahn, und mit Handsteuerung wurde der Brückenaufzugmechanismus in Gang gesetzt. Langsam, o mein Gott, wie langsam noch?! – teilten sich in der Flußmitte die beiden Brückenteile mitsamt den Geländern, den Stahlbügeln für die Straßenbahnoberleitungen und begannen sich steil aufzuklappen. Die Zeiger der Uhr rückten bedrohlich auf die Acht vor. Da half nicht Ächz und Stöhn, der Schlepper eines riesigen Holzdampfers für die Königsberger Zellstoff-Fabrik »Koholyt AG« schob sich kaum merklich in die offene Furt. Hoffnungslos – bis das Manöver von: Schlepper vorne, großer Frachter in der Mitte, zwei Schlepper hinten zum Bremsen und Gegensteuern, beendet wäre. Dr. Zimmermann hatte sicher schon die erste Schülerin mit »Gehl's« Geschichte in Stichworten malträtiert. – Blieb nur ein schneller Spurt zur ca. 300 m entfernten Schmiedebrücke, ein Umweg von mindestens 12 Minuten, um halbwegs pünktlich die Schule zu erreichen. Hechelnd stand ich dann vor der Schmiedebrücke, die wegen zweier weiterer Schiffe auch geöffnet war. Inzwischen kamen Brigitte und Gisela aus Richtung »Holländer Baum, Oberlaak« bei der Schmiedebrücke an. Was tun? Zu spät, um die nächste Brücke, die Krämerbrücke, anzusteuern, ein viel zu großer Umweg. Also warten . . . warten.

Später, nach der Passage der Schiffe, prasselte in der Schule auf uns drei das Donnerwetter von Herrn Direktor Schmischke, da wir, um Zeit einzusparen, zu allem Überfluß den Haupt- und Lehrereingang der Schule benutzt

hatten. Eintrag ins Klassenbuch und eine Standpauke über Disziplin, Pünktlichkeit und Pflichterfüllung der deutschen Mädchen.
Aber in Geschichte waren wir wenigstens nicht mehr drangekommen!

Der Pregel und seine Brücken II

Das Hündchen

Um von der Kneiphöfischen Mädchen-Mittelschule an der Domstraße nach Hause in die Melanchthonstraße Nr. 5 zu kommen, mußte ich zuerst die Honigbrücke passieren, welche den Kneiphof mit der Lindenstraße verband. Ich ging über die Brücke direkt auf die Synagoge zu, bog links ab, überquerte den Pregel ein zweites Mal auf der Holzbrücke von der Lindenstraße zum Münchenhof und hatte dann nur noch ungefähr 200 m rechts am Pregelufer bis zur Melanchthonstraße zu gehen. Ein Weg, wie ihn so voller Vielfalt nur ein Hafenkai bieten konnte. Gleich an der Holzbrücke befand sich die Anlegestelle für die Ausflugsdampfer nach Arnau, und kaum 100 m weiter entluden Frachter aus Tilsit den berühmten Tilsiter Käse, der in langen runden Holzverschalungen auf das Ufer gerollt und aufgetürmt wurde, so, wie es im damaligen Zeitschlager: »Wer hat denn den Käse zum Bahnhof gerollt?« besungen wurde. Prahme, hoch beladen mit duftendem Heu aus der Hohen Niederung, hatten festgemacht, und auf den Viehtransportschiffen blökten aufgeregt Kälber und Schafe. Lustige Begrüßungsszenen, wenn Passagierschiffe aus Insterburg anlegten, beleibte Landfrauen zum Verkauf ihrer Butter und Eier mit schweren Körben das

Fallreep runterschwankten und Liebespaare sich beim Wiedersehen um den Hals fielen und küßten.
Immer wieder gab es neue, kleine Erlebnisse. Einmal war ein Hündchen in großer Not und Verzweiflung, als es auf der Holzbrücke unfreiwillig von seinem Herrchen getrennt wurde. An einem herrlichen, sonnigen Sommertag spazierten ein Herr und sein Hund an diesem Pregelufer entlang. Beide schienen zufrieden und guter Dinge. Der artige Vierbeiner lief unangeleint voraus oder auch hinterher, als auf der Flußmitte ein Dampfer mit lautem T u u t, T u u t unmißverständlich die Brückendurchfahrt erbat. Die beiden Brückenwärter kamen sofort aus ihrem Häuschen, stoppten mit der Fahne den Verkehr, zogen die obligatorische Sperrkette, jeder auf seiner Seite, und begannen das Brückenöffnungsmanöver. Plötzlich büchste der Hund aus, raste über die noch fast geschlossene Brückenmitte, schnupperte hündischen Wohlgerüchen am anderen Ufer nach. Und ehe er es bemerkte, hatte sich plötzlich ein trennender Spalt aufgetan, Pregelwasser wurde sichtbar, und die Fahrbahn erhob sich zu einer immer steiler werdenden Wand.
Welch ein aufgeregtes Gebell, ein unentwegter Versuch, das Hindernis, die große Höhe zu überwinden und das Herrchen am jenseitigen Ufer zu erreichen. Hoffnungslos rutschte das Tier immer wieder auf die Straße zurück. Hier das bibbernde, verzweifelte Herrchen: »Herrjehchen, du alter Lorbaß, du« und dort das dammelige Hundchen, ein tobendes, rasendes, bellendes, hüpfendes Fellknäuel.
Die Brückenprozedur schien sich in unendliche Länge zu ziehen. Aber einmal mußte auch der langsamste Dampfer seine Durchfahrt beendet haben, und vorsichtig begannen die Brückenwarte das Einrangieren der hervorstehenden Eisenkrampen beider Brückendecken und des Blechschutzes für die Straßenbahnoberleitungen.

Daß alles wirklich abgeschlossen und die Brücke dem Verkehr freigegeben wurde, wartete der Hund nicht ab. Mit großem Anlauf und einem Riesensatz sprang er, begleitet vom Entsetzensschrei seines Herrchens, über die noch zu schließende letzte Lücke. Alles war wieder im Gleichgewicht, die Luft erfüllt vom Klingeln der Bahnen, dem Pferdegetrappel, dem Bullern der Rollfuhrwerke und den scharrenden Füßen der Fußgänger.

Von Plämperkaffee, Kuckelchen, Klunkersuppchen und dem dreidammligen Wischkodder

Endlich begann, als wir vierzehn Jahre alt waren, für uns ostpreußische Marjellchen an unserer Schule der Kochunterricht. Da wir keine eigene Schulküche hatten, fand das Kochen in Gastschulen statt, mal in der Vorstadt, auf dem Sackheim oder einer anderen Stätte.

Meistens arbeiteten wir an vierflammigen Gasherden, die uns von zu Hause vertraut waren. Nur wenige Unterrichtsstunden hatten wir an einem elektrischen runden Großküchenherd, der mit vielen Platten bestückt war. Er hatte so gar nichts gemütliches oder behäbiges an sich. Das große Kochungetüm glänzte im blanken Edelstahl und war mit einer ebenso blitzenden, runden, dicken Stahlstange, abweisend und steril, umgeben.

Wir beäugten andächtig und ängstlich unser Arbeitsfeld. Wie und wann wurden welche Platten heiß? Konnte man das Ausschalten nicht vergessen? Es gab keine Licht- oder Alarmsignale. Bloß nichts verschütten oder die Platten mit plötzlich aufwallender Milch aus den schweren heißen Kochtöpfen bekleckern. Welch brenzliger Gestank, der so-

fort die mißbilligende Lehrerin herbeigelockt hätte. Nee, mit diesem Herd konnten wir uns nicht anfreunden, bei dem die Putzerei nach dem Unterricht so mühselig und langwierig war, daß die Kochfreuden ins Hintertreffen gerieten.
Fräulein Rösler war unsere Lehrerin, die uns vom einfachen Wasserkochen bis zum Abschlußbacken mit köstlichem Apfel- und Glumsekuchen, Krümeltorte mit Plämperkaffee führte.
Was lag in all den Unterrichtsstunden dazwischen? Klunkrige Mehlpampe, übergekochte Suppen, angebrannte Sellerie- und Wrukenbratlinge. Hin und wieder zerschlagenes Geschirr. Manchmal konnte uns Fräulein Rösler mit einer nicht glatt werdenden Mehlschwitze richtig piesaken.
Es war Krieg, 1941, die Lebensmittel-Extrazuteilungen für den Unterricht rar. Oft schälten und schrabten wir Unmengen Karotten und Kartoffeln für Soldatenkasernen und Lazarette. Kriegsrezepte wurden ausprobiert »mit nuscht nichts« an Fleisch und Fett. Das Mehl mußten wir durchsieben, weil sich in ihm stets Mehlwürmer befanden. Aber, da wir meistens hungrig waren, nahmen wir alles nicht so genau und freuten uns, wenn wir am Ende der Stunde uns mit den zubereiteten Speisen unsere Kaldaunen richtig vollschlagen durften.
Danach klapperten wir bei den Aufräumungsarbeiten mit den Pötten und dem Geschirr herum, begleiteten die Arbeit mit fröhlichen Liedern, putzten die Herde und scheuerten den Fußboden. Einmal mußte der Lehrerin »eine Laus über die Leber gelaufen sein«. Man konnte ihr nichts recht machen, und als ich ihr den Wischlappen und blanken Putzeimer vorzeigte, ließ sie mich immer wieder, mindestens zehn Mal, den Lumpen in neuem Wasser »klar« spülen. Das dünkte mich die reinste Schikane. So hatten eben auch wir unsere Last mit der Lehrerin.

Adrett und nett waren wir »Backfische« mit den vor Aufregung hochroten Bäckchen anzuschauen. Im Handarbeitsunterricht hatten wir uns alle vor Beginn der Kochunterweisung aus gespendeten Stoffresten einer Fabrik, ohne Kleiderkartenpunkte, verschiedenfarbige Schürzen und Kopftücher genäht. Es waren die ersten Nähmaschinenerzeugnisse unsererseits, und auch dafür gab es Zensuren im Zeugnis.
Zensuren waren leider überall die mißlichen Begleiter. Auch das Kochen war nicht nur eitel Freude, Lust und Festessen. Nein, alles wurde geprüft und benotet. Die blöde Theorie gab's als Pferdefuß dazu. Die Kalorien, Nährwerte, das Getreide, die Kartoffeln, der Fisch, die Pilze, die Vitamine, Nährsalze . . . waren dann nichts Eßbares, sondern bestanden plötzlich aus Zahlen, Gewichten, Tabellen und Prozenten. Oft genug hatten wir die Plauze bis oben hin voll.
Aber irgendwie haben wir uns gewitzt auch aus brenzligen Situationen herausgewunden.

Königsberger Rinderfleck

Das berühmteste und älteste Flecklokal von Königsberg befand sich am Unterrollberg. Hier kehrten die Schauerleute, Matrosen und Arbeiter genauso wie die Büroangestellten, Kaufleute und Besucher der Stadt ein. Der tiefe Teller voll Fleck, gut gewürzt mit Majoran, Essig und einem großen Klacks Mostrich stärkte allen die Lebensgeister.

Man nehme: 1000 g Pansen, möglichst vom jungen Rind. 1000 g Rindermarkknochen, 1000 g Knollensellerie, geputzt, in Würfel geschnitten, 3 Petersilienwurzeln, geputzt und in Würfeln, 2 Möhren, 3 Zwiebeln, in Würfeln, 8 Pfefferkörner, 8 Gewürzkörner, zerstoßen, 2 Lorbeerblätter, 3 Eßlöffel Majoran, 1–2 Eßlöffel Essig, Salz zum Würzen. Ungefähr 3 1/2 Stunden kochen lassen.

Ostpreußische Sauerampfersuppe

700 g Rindfleisch ohne Knochen, 150 g Suppengrün, geputzt und geschnitten, 1 Tasse saure Sahne, 40 g Mehl, 600 g Sauerampfer, verlesen und gewaschen, 1 Teelöffel Liebstökkel, 1 kleinen Löffel Zucker, 1 Eßlöffel Zitronensaft, 1 Eßlöffel Butter, 2 Eigelb, 4 Eier.
Rindfleischbrühe kochen. Den abgetropften Sauerampfer hacken, in der Brühe 10 Minuten kochen. Mehl in der Sahne anrühren, Butter und Eigelb in die Suppe rühren. Eier hart kochen, abpellen und ganz in die Suppe legen.

Sauerampfer konnte man auf dem Markt kaufen, aber als sparsame Ostpreußen pflückten wir ihn selbst beim Sonntagsspaziergang in Juditten oder am Galtgarben in den Straßengräben, in denen es so wundervoll, ohne Autoabgase und Kunstdünger, grünte und blühte. Oft fanden wir dort auch Walderdbeeren und schöne Wiesenblumen. Das waren herrliche Sommertage, wenn wir mit den Eltern »Das Wandern ist des Müllers Lust«, »Am Brunnen vor dem Tore« und »Hinaus in die Ferne« . . . singend durch Felder und Wiesen streiften.
Vom selbstgepflückten Sauerampfer kochte uns Mutter die herrlichste Suppe der Welt.

»Wem's Kofferche?«

Wem ist dieser Ausruf nicht Musik in den Ohren? Diese Kofferchens, die so jedes Jahr von dem Lorbaßchen des alten Pferdefuhrwerkbesitzers in unserem schönen Ostseebad Neuhäuser ausgerufen wurden, waren für uns »Kneiphöfische« das Symbol für blaue See und witte Sand, für Schullandheim, Sonne, Spiel und Fröhlichkeit.

Kein Slogan, mit dem heute große »Traumreisen« angepriesen werden, könnte so vielversprechend, so verheißungsvoll sein wie dieser Ruf: »Wem's Kofferche?« Man meinte, den salzigen Geruch des Meeres, den aufsteigenden Kienappelrauch von der Flunderräucherei draller Fischersfrauen am Strand, die würzige Waldluft, den frischen Seewind zu spüren.
Dreimal durften wir diese wunderbare Zeit erleben, bis 1942 das Schullandheim Lazarett für verwundete deutsche Soldaten wurde.
Bald nach der Zeugnisausgabe und Versetzung im April jener Schuljahre von 1937 bis 1943 begann das Planen und Besprechen unseres Vierzehntage-Aufenthaltes in Neuhäuser. 13,– RM mußte jede Schülerin für Verpflegung und Unterkunft bezahlen, was für viele Familien eine spürbare Ausgabe war. Merkblättchen wurden ausgegeben, was mitzubringen war, von der Zahnbürste über Waschlappen, Taschentücher, Socken und anderen Kleidatschen bis zur Bettwäsche. Ängstliche Mütter befragten besorgt Fräulein Raabe über mögliche Gefahren für ihre verpimpelten Marjellchens.
Bei mir zu Hause begann ein großes Palaver über Waschlappen, die wir gar nicht besaßen und, welches Kofferche oder Paudelche ich mitnähme. Es war nicht so, daß wir vielfältiges Reisegepäck besaßen. Wer verreiste schon oft? Meist waren es aus Pappe gepreßte, mit Lack überzogene und an den Ecken mit Lederstücken verstärkte schlabbrige Behältnisse.
Die Taschengeldfrage war ein großes Problem. Elegant schlug Fräulein Raabe 50 Pfennige bis höchstens 2,– RM vor. Anschließend wurden Ämter verteilt. Ein genauer Vierzehntageplan legte fest, wer, wann und wo Dienste zu leisten hatte, in der Küche, im Waschraum, im ungeliebten Plumpsklo im Hof, im Garten, bei der Liegestuhlausgabe und Säuberung von Schlafsaal und Zimmern, Hilfe

beim Abwasch und bei sonstigen Verrichtungen. Dann folgte die Zimmereinteilung. Die, wo welche nicht schluwig und dreibastig waren, nicht kalbrig und voll dammligen Schabernack, die durften in die raren Vier-, Sechs- und Achtbett-Zimmer im Haupthaus, der Rest bezog den Schlafsaal im Anbau.

Jetzt blieb nur noch die ärztliche Untersuchung. Oh, wie peinlich, als wir schon Busen kriegten. Man schenierte sich mächtig. Wir spiddrigen Schülerinnen waren da fein raus, aber geschamig und neugierig beäugte man die schon üppigen birnenförmigen, hängenden, festen, kleinen und großen Brüste. Wie schrieb doch die Heimatdichterin Marion Lind in ihren kleinen Kindermund-Vertellkens: »Wenn ich Busi krieg, werd' ich Mutti, wenn ich keinen krieg, werd' ich Lehrerin.«

Dann war es so weit: unsere Klasse reiste im Juni. (Zweimal waren wir im September dort.)

Ein letzter schmatzender Butsch auf Mutters Wange und: »Im Frühtau zu Berge wir ziehen fallera, es grünen die Felder, die Höh'n fallera . . .« ließen wir winkend den Königsberger Hauptbahnhof zurück.

Aufgerebbelt gnidderten und schnatterten wir wie Gössel durcheinander. Bald hörte man durch das offene Zugfenster das Rauschen des Meeres und erblickte zwischen Bäumen und kleinen Erhebungen hier und dort ein Stückchen blaues Wasser.

Endlich Neuhäuser! Und da stand er schon, unser flacher Rollwagen mit dem klaberjastigen Gaul. Uns Doeskopp, de Händ in de Fupp, mit ausgewachsener Buchs und Klotzkorken an de Beene, huckte erwartungsvoll auf der Ladefläche. »Nen Dittchen für kleenes Pacheidelchen, zwei Dittchen für's Kofferche.« Wir wanderten zu Fuß ins Schullandheim und ergötzten uns immer wieder am Koffer-Abladeruf: »Wem's Kofferche?«

Und der Schullandheim-Traum war nun Wirklichkeit.

»Wir winden Dir den Jungfernkranz ...«

Im Schullandheim Neuhäuser

Es war Johanni, der 24. Juni 1940.
Ein wunderbarer klarer, blauer Sommersonnentag kündigte sich an, und unser Fräulein Herta Raabe wollte mit uns einen alten Volksbrauch aufleben lassen.
Beim Frühstück in der sonnigen Holzveranda, bei Milchsuppe, trockener Semmel und Marmeladenbrot, erklärte sie uns die Herkunft des Festes: »Es ist das Geburtsfest Johannes des Täufers«, begann sie, und schon bangten wir vor einer langen geschichtlichen Betrachtung und einem vielleicht damit verbundenen Aufsatzthema. Und was hatte so ein frommer Johannes mit unseren Sonnenwendfeiern, Sonnenrädern und Tänzen zu tun?
Aber ... Fräulein Raabe erzählte uns beschwingt und fröhlich von einem alten Aberglauben und Zauber, dem Flechten blühender Kränze. Wunderkräfte sollten sieben verschiedene Heilkräuter bringen: Johanniskraut, Maßliebchen, Frauenmantel, Gänseblümchen und andre, mir entfallene Gräser und Blüten.
Bei der Suche vor dem Mittagessen durften wir weder lachen noch sprechen, damit der Zauber nicht zerstört würde. Wer dieses Gebot durchbrach, mußte wieder zum Schullandheim zurücklaufen und sich erneut, schweigend und ernst, auf die Suche begeben.
Endlich saßen wir alle mit unseren Kräutern im Hof und flochten Kränze. Der Haselnußstrauch vor unserem Ferienheim erlebte den Höhepunkt des alten Brauches.
Jede von uns mußte, mit dem Rücken zum Strauch stehend, ihr Kränzlein über den Kopf hoch ins Gesträuch werfen. Blieb der Kranz hängen, hätten wir eine Braut unter uns, die im selben Jahr zum Altar getreten wäre.
Es war ein lustiges Treiben voller Hallo und Erwartung.

Auch ich, die ja schon ihren Horst hatte, war sehr gespannt und aufgeregt.
Aber ach, jedes Gebinde landete auf dem Sandboden. Endlich war unser Fräulein Raabe, leicht errötend, an der Reihe. Schwupp . . . und, und . . . ein wildes Schaukeln an einer Astgabel . . . der Kranz blieb hängen!! Welch' ein Jubel, Gehopse und Gewisper! Wenn das wahr werden würde?? Kennen wir einen stillen Verehrer??
Dann blieb noch ein weiterer Kranz von einem Mädchen hängen. Aber auch diese Prophezeiung bewahrheitete sich vorerst nicht.

»Wir winden dir den Jungfernkranz mit veilchenblauer Seide. Wir führen dich zu Spiel und Tanz, zu Glück und Liebesfreude. Schöner, grüner, schöner, grüner Jungfernkranz.«

Jantar – Tränen aus Stein

Ein großer Feuersturm verwüstete das Land, ließ Menschen und Tiere in Trümmern verderben. Das Meer brauste ans Ufer, verschlang Wälder und Leben, und alles schien verloschen, tot und begraben. Sand wehte zu hohen Dünen auf, und das Harz der gefallenen Bäume umschloß Insekten und Pflanzen in goldenen Tränen.
Nun liegen diese Tränen aus Stein in meiner Hand, und ich sehe Bilder aufsteigen aus einem längst vergangenen Leben: »Jantar«, das versteinerte Herz meiner Jugend.
»Bernstein«, der mit heller, stark rußender Flamme brannte und aromatischen Geruch verbreitend, sich zu einer schwarzglänzenden Masse verwandelte.

Aus »brennen« wurde »Börnstein« dann »Bernstein«, auch Jantar.

Treibgut

»Hoch soll sie leben, dreimal hoch«

Immer wieder hatte eine von uns Schülerinnen im Schullandheim Geburtstag. Schon Tage vorher sammelte meist die engste Freundin 5 oder 10 Pfennige von jeder ein. Dann kam das große Wählen und Besichtigen am beliebten Strandkiosk der dort feilgebotenen Bernsteinbroschen oder Anhänger, für 2,50 RM bis 3,50 RM.
Eine große Wichtigtuerei am Geburtstagsmorgen. Der Platz am Essenstisch war mit einem bunten Wiesenblumenstrauß aus Margeriten, Wiesenknopf, Pechnelke, rotem Klee, Lupinen und bunten Gräsern geschmückt. Eine Kerze wurde angezündet, ein paar Bonbons, vielleicht auch zwei oder drei Tütchen Himbeer- und Waldmeister-Brausepulver umrahmten Teller und Tasse. Die Freundinnen legten noch ein kleines Geschenk auf den Platz, und in der Mitte prangte dann die prachtvolle Bernstein-Brosche der Klassengemeinschaft. Das Geburtstagskind wünschte sich sein Lieblingslied, und wir ließen es dreimal hochleben.

Naschkatzen

Es war entsetzlich, wie schnell unser kleines Taschengeld dahinschwand. Soeben hatte man noch 80 Pfennige, und nun nur noch 5 Dittchen. Aber waren die Kanold-Sahnestangen, 5 Pfennige das Stück, mit Sahne- oder Himbeergeschmack nicht köstlich? Und wie lange konnte man an ihnen lutschen, die klebrige Masse ganz dünn und spitz ausziehen, bis der Speichel alle Finger richtig vollgetropft hatte? Zu verachten waren auch nicht die roten, dicken, runden oder flachen gelben und grünen Dauerlutscher. Zu all den süßen Übeln führte Helga Bleyer noch die kleinen dreieckigen, in Silberfolie verpackten Schmelzkäschen ein. Zuerst wurde sie verlacht, aber nach und nach fanden wir an ihrer Spezialität auch gefallen.

Und immer, wenn wir uns in der Freistunde am Nachmittag zu einem kleinen Einkauf am Strandkiosk bei Fräulein Raabe abmeldeten, beschlich uns mit zunehmendem Geldschwund die Angst, wieviel Pfennige bleiben für das Mitbringsel für zu Hause übrig? Da gab es die kleinen Porzellanteller mit Bild und Schrift »Ostseebad Neuhäuser«, Holzbrettchen mit eingebrannten sinnigen Sprüchen, Wimpel, Taschentücher, einen Keramikfisch als Mostrichfaß, so viel Auswahl. In unseren Mädchenaugen wahre Köstlichkeiten.

Ließen wir uns von der Naschsucht total hinreißen, genügten für zu Hause auch ein paar große, am Strand gefundene Donnerkeile und manch bemerkenswertes, ansehnliches, aus der See gefischtes Stückchen Bernstein. Auf jeden Fall bekam Mutter einen selbstgepflückten Feldblumenstrauß, der, durch heiße Mädchenhände und lange Zugfahrt halb verwelkt, trotzdem das liebende Mutterherz erfreute.

Schmalzstullen und Tomatensuppe

Schmalzstullen mit Grieben drin, ja, die mochten wir. Mit der Tomatensuppe dagegen entspann sich ein stilles Ringen zwischen der Küche und uns. Die Küche mochte sie leidenschaftlich, servierte dieses rote Zeugs, aus Pulver angerührt, mindestens zwei- bis dreimal in der Woche. Zur Strafe für diese »rote« Ausdauer bestreikten wir mit Eßunlust, allerdings vergeblich, die Schullandheim-Spezialität.

Kamen wir nach den Nachmittagsausflügen zu der s o o o geliebten Burg »Lochstädt«, oder über die Palve in sengender Hitze nach Pillau, ins Schullandheim erschöpft mit Riesenappetit zurück, stürzten wir uns, dem Verhungern nahe, über das Abendbrot. Meist gab es eine Suppe oder andere feste Hausmannskost. An diesen Tagen reichte uns die Zuteilung nicht, und wir begannen, mit Messern und Gabeln zu klappern, mit den Tassen auf den Tisch zu bullern und laut zu singen, fast grölend:

»Wir haben Hunger, Hunger, Hunger,
wir haben Durst!
Wo bleibt der Käse, Käse, Käse,
wo bleibt die Wurst?«

Das mochte unser feines Fräulein Raabe absolut nicht. Was sollten die vorbeiflanierenden Kurgäste davon halten? Also zuerst eine Predigt, vorwurfsvolle Blicke auf die größten Schreier, aber dann doch ein aufkeimendes mütterliches Gefühl, und: »Finger hoch, wer möchte ein Schmalzbrot?« Das war's ja, worauf wir gewartet hatten. Alle Finger flogen hoch. Oh, wie herrlich das frische Brot mit Griebenschmalz duftete und schmeckte und schmeckte. Immer wieder: »Wir haben Hunger, Hunger . . .«, die Finger flogen hoch, die Brote kamen, verschwanden in Mägen, bis zur Maßlosigkeit von sage und schreibe fünf bis sechs Stullen, als Meisterleistung einiger Vielfraße. Dem setzte Fräulein Raabe dann erschöpft ein Ende.

Strandgut am Haff

Unser Heim lag ca. 300 m vom Ostseestrand entfernt, und die meiste Zeit wurde dort verbracht. Doch dann ergriff Fräulein Raabe zu unserem Leidwesen immer wieder die Wandersucht. Durch einen herrlichen Wald führte uns der Weg in östliche Richtung zum Frischen Haff. Eine kleine Pflanzenkunde, Insekten- und Vogelartbestimmung, ach,

wen interessierte das damals, es waren die pädagogischen Lehrerzwänge ...
Endlich blinkte hinter einem dichten Schilfgürtel das Haff auf. Die Wiesen, das Binsendickicht, naß und sumpfig; nur ein langer schmaler Holzsteg führte uns bis zum offenen Wasser. »Igitt, igitt«, entsetzt schrien die vorderen Klassenkameradinnen auf. Neugierig drängten wir nach und sahen das Gräusliche. Im Wasser schwamm ein totes, aufgedunsenes Schaf, an dem allerlei Gewürm und Wasserkleinlebewesen sich gütlich taten.
Uns allen, auch Fräulein Raabe, wich der erhoffte Naturgenuß einem penetranten Übelsein.

Dr. Zimmermann und die »Minna von Barnhelm«

Fräulein Raabe hatte eine schwere Nierenoperation hinter sich und konnte uns nicht nach Neuhäuser begleiten. Dr. Zimmermann übernahm unsere Klasse, und wir fuhren gemeinsam ins Schullandheim.
Jeder Tag begann mit Waldlauf und Frühsport. Wer erinnert sich nicht an das fatale Seitenstechen, das uns plagte? Dann folgte das Hissen der Fahne am großen Mast vor dem Haupthaus. Ein kerniger Tagesspruch, ein Lied, zweistimmig gesungen, und danach das Frühstück.
Der Vormittag war dem Schulunterricht gewidmet. Wir lasen im Hof, auf langen Gartenbänken am Holztisch sitzend, Lessings »Minna von Barnhelm« mit verteilten Rollen. Und die Sonne schien so schön, es wurde heiß, man dachte ans Baden, hörte im benachbarten Kinderheim die Jungens Ball spielen, und wir saßen über der verflixten »Minna«-Lektüre. Na gut, bei den Liebesszenen konnte man noch gniddern, aber sonst??
Dr. Zimmermann schien auch nicht sehr von der Pflichtlektüre begeistert zu sein. Er stopfte genüßlich sein Pfeifchen, ließ das Reclam-Heft auf dem Tisch unbeobachtet, der Wind blätterte die Seiten um und – wir übersprangen

einfach fünf Seiten, was, bis es sich rumgesprochen hatte, einigen Textwirrwarr ergab, aber dann wieder geregelt verlief. Dieses Manöver wurde bei jedem Pfeifchenschmauchen wiederholt. So elegant haben wir uns nie wieder um die Pflicht herumgestohlen.

Fräulein Ewald und die Frühstückssemmeln

In jenem Jahr betreute uns auch Fräulein Ewald, neben ihrer Klasse. Ich habe sie als die gute Semmel-»Seele« in Erinnerung. – Am frühen Morgen blieben oft die trockenen Semmeln auf dem Frühstückstisch unbeachtet liegen. Fräulein Ewald sammelte sie in ihrer dunklen Schürze ein, schüttete sie in eine große Tasche und ging mit uns an den Strand. Dr. Zimmermann, mit seinem steifen Bein aus dem Ersten Weltkrieg, stand schon im Badeanzug am Wasser. Wir durften im Sand toben, Burgen bauen, Maikäfer in die Turnhemden stecken und vorne im flachen Wasser baden. Der Unterricht in der Riesensandburg, wie ihn Fräulein Raabe abzuhalten pflegte, fiel zu unserer großen Freude aus.
Und wenn uns gegen Mittag nach Spiel und Bad der große Hunger überfiel, teilte Fräulein Ewald die zähen trockenen Semmeln aus, die dann besser als der schönste Kuchen schmeckten.

Kleine Bernsteinsplitter. – Wer erinnert sich an . . .

die Lesung im Wald, die unendliche Geschichte »Seefahrt tut not« von Gorch Fock? Wie uns die Heemskes auf dem Waldboden piesakten, die Mücken uns das Blut aussaugten und wir versuchten, uns hinter Laub und Baumstämmen unsichtbar zu machen? . . . an den Hof des Schullandheims, die Mittagsruhe von ein bis zwei Uhr in Liegestühlen? Größter Sport dabei, die Liegestühle der Freundinnen so aufzustellen, daß sie beim Hineinsetzen zusammenkrachten . . . die heimliche Lektüre von »Lore«-

Romanen, auch O-Beine-Romane genannt: Zuerst lieben sie sich, dann geraten sie auseinander und zum Schluß große Versöhnung . . . an die klaren Abende, an denen wir als schöne Ausnahme auf dem Seesteg am Meer den herrlichen Sonnenuntergang sahen? Dort sangen wir unsere ostpreußischen Heimatlieder, und manch ein Kurgast lauschte gerührt unseren hellen Stimmen. – Sehr oft fröstelten wir, nach dem heißen Sonnenbrand des Tages, bei auffrischendem Seewind und wünschten uns nichts sehnlicher, als ins warme Bett zu schlüpfen . . . an die Doppelstockbetten, wo jeder das oberste erwischen wollte . . . das Rausziehen von ein oder zwei Liegebrettern, wodurch beim Besteigen des Bett-Strohsackes unsere Mitschülerin in die untere Etage stürzte?
An den Bettenappell, wo Fräulein Raabe manch krunschelige Decke rausriß, an das kalte Wasser bei Dusche und Morgenwäsche?
Erinnerung an all das Schöne, was wir in Ostpreußen erleben durften.

Wo des Haffes Welle trecke an den Strand,
wo de Elch und Kranich jedem Kind bekannt,
wo de Möwe schrie'e grell im Sturmgebrus,
da is mine Heimat, da bin ick to Hus.

Das Schloß

Uns Königsbergern war der große wuchtige Schloßkomplex Mittelpunkt der auf einem von sieben Hügeln erbauten Stadt. Auf der Südseite blickte majestätisch der schlanke Spitzturm mit seinen vier Erkertürmchen am

oberen Rundbogengang auf das pulsierende Leben unserer ostpreußischen Metropole herab.
König Ottokar von Böhmen errichtete auf der zerstörten Stätte einer prussischen Feste im Jahre 1255 die Anfänge einer Ordensburg, die im Laufe der Jahrhunderte erweitert wurde. Die historischen Daten, die Entstehung einzelner Gebäudeteile und ihre Funktionen, die Namen der Hochmeister, besonders des letzten Herzogs Albrecht (1490–1568), der 1544 die Universität der Stadt gründete, und die Krönung des Kurfürsten Friedrichs III. von Brandenburg zum König in Preußen als Friedrich I. am 18. Januar 1701 in der 1592 erbauten Schloßkirche – das lernten wir Kinder der Stadt gründlichst im Unterricht. Ich habe die Museumsbesuche nicht gezählt, aber es war, je nach Altersstufe, ein vielseitiges und interessantes Erlebnis. So verschieden die Lehrkräfte, so unterschiedlich brachten sie uns in den Museumsräumen des Prussia-Museums im 1565 bis 1569 erbauten Südflügel die Vorgeschichte des Menschen bei. Von Steinzeitgeräten, Fibeln, Haarschmuck, von Moorleichen bis zu einer echten ägyptischen Mumie breiteten sich fremde Welten und Lebensarten vor uns aus. Eine Lehrerin hatte eine Vorliebe für Kleidung, Handarbeiten und Trachten unserer Vorfahren.
Der Geschichtslehrer war von dem 83 m langen und 18 m breiten Moskowitersaal mit den ausgestellten alten Fahnen, Bannern, Uniformen und Ritterrüstungen begeistert. Viele Fahnen, die in historischen Schlachten zerfetzt worden waren, hingen in durchsichtigen Schutzfolien, beschildert mit den traurigen Daten der Toten und Verwundeten, der Heeresstärken und ihrer Anführer. Schlachtenbilder mit blutigen Pferdeleibern, die Augen der Tiere gebrochen, niedergemähten Soldaten, verzweifelt vorwärtsstürmenden Infantristen mit aufgepflanzten Bajonetten ergänzten diese martialische Waffen- und Kriegsschau. Dräuend stand die »Dicke Berta«, eine riesige

Kanone aus dem Ersten Weltkrieg, am Ende des großen Raumes. Ob diese jemals im Kriegseinsatz war, daran kann ich mich nicht erinnern.
Der Südflügel birgt für mich sehr sonnige Erinnerungen. In der Zeit der ersten scheuen Liebe zwischen Horst und mir waren die Räume der Kunstsammlungen Zufluchtsort und ästhetische Bereicherung zugleich. Wohin konnten wir bei kaltem Wetter gehen, wo uns treffen? Die Museumseintrittskarten waren Belege der Sittsamkeit unserer Begegnungen für die Eltern. Wir genossen die Wendeltreppe im Rundturm, die hinauf zu den Galerieräumen führte. Dort verharrten wir in glücklicher Umarmung unendliche Zeit, da selten ein Besucher oder der verwunderte Aufseher uns störte. Die schmalen Fenster gaben einen herrlichen Blick auf den Kaiser-Wilhelm-Platz, die Krämerbrücke und die Kneiphöfische Langgasse frei. Es waren Stunden zärtlichen Glücks. Wie oft schritten wir über das knarrende Parkett der Gemäldeausstellung. Lovis Corinth berührte mich mit seinen leuchtenden, sinnlich-fleischlichen Frauenbildern in Horsts Gegenwart peinlich. Aber Landschaften, Porträts und Stilleben vieler großer Künstler bescherten uns wunderbare Stunden.
Ganz anderer Art waren meine Kleinkindereindrücke bei den Streifzügen vom Fritz-Tschierse-Platz in das Schloßhof-Areal. Gewaltige Steinquader türmten sich in den beiden Toreinfahrten, dem östlichen Albrechtstor und dem westlichen Friedrichstor, übereinander, und die massiven Strebepfeiler der 1502 vollendeten Schloßkirche sahen unnahbar und unheimlich aus. Wenn ich das dunkle, schattige Kopfsteinpflaster der Schloßeinfahrt hinter mir hatte, befand ich mich im hellen, freundlichen Hof, wo es so viel zu sehen und zu erleben gab. An sonnigen Tagen war die Tür zum »Blutgericht«, dem berühmtesten Weinkeller der Stadt, weit geöffnet. Vor Jahrhunderten wurden dort Menschen gefangengehalten, gefoltert und hingerichtet.

Jetzt aber zechten die Honoratioren der Stadt, Kaufleute und Studenten nach bestandenen Examina in den holzgetäfelten Räumen, die mit holzstechereiverzierten kostbaren Prunkfässern ausgestattet waren. Wir Kinder schlichen uns dennoch furchtsam in den Vorraum hinein, um einen Blick in die geheimnisumwitterte Stätte zu werfen. Vater und auch mein Horst hatten das »Blutgericht« besucht. Doch von den Frauen unserer Familie ist keine in den Kellern gewesen.
Viel lustiger ging es am Lagerkeller des »Blutgerichts« unterhalb der Schloßkirche zu. Mit lautem Pferdegetrappel kamen schwer beladene Rollwagen mit mächtigen, eisenberingten Weinfässern vorgefahren. Dagegen wirkten die Bierfässer klein und zierlich. Man öffnete die Bodenluke des Weinlagers, befestigte zwei lange Holzbalken am Fuhrwerk und rollte mittels Eisenstangen die vollen Fässer vorsichtig in den Keller. Ein seltsamer Geruch von alten Korken, gesäuertem Holz und abgestandener Kneipe entströmte dem dunklen Verließ. Der Kellermeister war meistens lustig und trug, genau wie der Kutscher, eine dicke Lederschürze.
Sonntags ging es im Schloßhof feierlich zu. Die Bürger der Stadt erschienen im Festtagsstaat zum Gottesdienst. Anschließend gab es oftmals Taufen. Dann rollten Kutschen vor. Der Täufling im kostbaren Spitzenkleid, getragen von der Mutter, kleine Mädchen in weißen gesmokten Kleidchen, die Knaben in Matrosenanzügen und -mützen stiegen gemessen die Treppe zur Schloßkirche hinauf, deren Innenwände geschmückt waren mit den Wappen der Ritter des Schwarzen-Adler-Ordens.
Und dann hörten wir endlich das lang erwartete, immer lauter werdende Tschingderassa Bum der Militärkapelle des Königsberger Infanterieregiments. Wir liefen ihr entgegen und begleiteten das »Musikmaskottchen«, einen braunweiß gefleckten Bernhardinerhund, der, im Leder-

geschirr, einen zweirädrigen Karren mit der großen Pauke zog. Mit stoischer Ruhe ertrug er die Paukenschläge hinter seinem Rücken. Der Kompaniechef gab die Befehle: »Kompanie halt! Links um! Rührt euch!« Die Soldaten setzten die Gewehre ab und stellten sie zu sechst in Pyramidenform auf. Sie marschierten mit entblößtem Haupt in die Kirche zum Militärgottesdienst. Drei Wachen blieben bei den Gewehren. Ob der Wind Schuld hatte oder ein schlampiges Aufstellen, hin und wieder krachten einige Gewehre auf das Kopfsteinpflaster. Da lagen sie nun, keiner hob sie auf, das war gegen den Befehl. Die armen Soldaten – die, gestärkt durch Gottes Wort, die gnadenlose Strafe eines harten Exerzierens und Anpfiffs von ihrem Vorgesetzten zu erwarten hatten. Für uns bot sich ein willkommenes Schauspiel, wie sie keuchend unzählige Kniebeugen machen mußten und um den Hof im »Laufschrittmarsch-marsch« gejagt wurden. Sicher wurde zusätzlich ihr Sonntagsfreigang gestrichen. Endlich zogen sie durch das Albrechtstor, am achteckigen Haberturm vorbei, in ihre Kasernen ab.
Wir erlebten an der Hauptwache noch die feierliche Zeremonie der Wachablösung am Schilderhäuschen vor dem Friedrichsbau. Mit hartem Stechschritt lösten zwei besonders schmucke Wachsoldaten »unter Gewehr« mit aufgepflanztem Bajonett ihre beiden Kameraden vor dem mit Schrägbalken angestrichenen Holzhäuschen ab. Immer fanden sich Neugierige ein, um dem Spektakel beizuwohnen oder es sogar zu fotografieren.

Die Honigbrücke

Dem Verfall preisgegeben, überspannt sie immer noch von der Dom-Insel zur Lindenstraße den »Alten Pregelarm«. Zeiten, von »Königsberg« bis »Kaliningrad«, hielt sie stand. Marschtritte und Kindertrappeln, Bollerwagen und Panzerketten drückten ihr Merkmale ein. Sie war Schicksalsbrücke der Judenkinder, die im Ruinenrest der Synagoge ihren Unterricht bekamen, sie war Schulbrücke, die mich über den Fluß in die Kneiphöfische Mädchen-Mittelschule in der Domstraße und Ruppstraße brachte.
Unsere Schulmauern grenzten an den Dom, der Schulhof an den Innenhof der alten Universität, an der Immanuel Kant lehrte und philosophierte. Sein Grabmal befand sich auf der anderen Domseite, umgeben von einem hohen Schmiedeeisengitter. Dort teilten wir uns mit dem Jungengymnasium den freien Sandplatz beim Sport. Respektlos hängten wir unsere Jacken an den Eisenspitzen der Umfriedung der Gedenkstätte auf, ruhten uns auf deren Stufen nach Ballspielen aus. Bei Weitsprung, Ballwurf und dem 50-Meter-Lauf hatten wir zahlreiche Zuschauer. Die Gymnasiasten drängten sich in dicken Trauben an ihren Klassenfenstern und musterten uns. Wohlwollender Beifall bei großer Leistung, Spott und Pfiffe bei Pechsträhnen machten die Sportstunden aufregend. Wer von uns kokettierte nicht ein wenig?
Die Handarbeits-, Physik- und Zeichenräume befanden sich im Nebengebäude unserer Schule in der Ruppstraße. Wir brauchten nur die wenig befahrene Domstraße zu überqueren, an deren Ecke ein kleiner Krämer seinen Laden hatte. Er war unser Salzgurkenlieferant. Obgleich ein Einkauf während der Unterrichtszeit verboten war, lief beim Schulraumwechsel immer jemand von uns in sein fensterloses »Verließ« mit offenen Heringsfässern, Mehl-

säcken, klebrigen Bonbongläsern und dem breiten Salzgurkenbottich. Anfangs mochte ich sie gar nicht, dann aber empfand ich sie, besonders im Sommer, als Erfrischung. Der Clou des ganzen Einkaufs war eigentlich der heimliche Verzehr der triefenden Gurken während des Unterrichts.

In den ersten Jahren gab es in diesem Schulgebäude mit eigener Klingelanlage niemals Streß. Handarbeit, Malen, Lichtbildervorträge waren Erholung.

Ernst wurde es in dem mit Stühlen und Tischen bestückten Raum erst, als im Krieg, durch Zweckentfremdung vieler Klassenräume, hier auch die wissenschaftlichen Fächer unterrichtet wurden. Das Klingelamt hatte man mir aufgetragen. Ich hatte zu den vorgesehenen Zeiten in das im Parterre gelegene Konferenzzimmer mit der schwarzen Pendeluhr zu gehen und die Schulglocke des Nebengebäudes auszulösen. Wie oft, wenn es für eine Schulkameradin beim Abhören des wissenschaftlichen Stoffes brenzlig wurde, erhob sich ein Flüsterwind: »Dora, dringend – läuten gehn!« Manchmal waren es noch zehn Minuten bis zum Ende der Stunde. Schier ein Unding. Ich zögerte noch ein Weilchen und wagte es. Dann konnte es auch geschehen, daß die Lehrkraft aus dem anderen Klassenraum fragend auf ihre Uhr zeigte. Ja, aber gegen die Pendeluhr im Konferenzraum, deren Zeiger ich etwas vorgerückt hatte, konnte ihre Taschenuhr nicht ankommen. Später rückte ich den großen Zeiger wieder zurecht.

Bei Schulschluß strömten aus den beiden Gebäuden die Mädchen ins Freie, um den Heimweg anzutreten. Ich bog um die Hausecke zur Honigbrücke, die sonderbarerweise eines Tages mit einem Seil abgesperrt und von viel Polizei bewacht war. »Zurücktreten, verlassen Sie die Straße, gehen Sie zurück!« Wir wurden in die schmale Seitengasse geschoben. Ich ging ein Stückchen pregelabwärts und bekam den Blick auf die Lindenstraße frei. Vor der ausge-

brannten Ruine der Synagoge standen Bauwagen. Auf ausgefahrenen Leitern mehrerer Feuerwehren hantierten Männer an der Synagogenkuppel. Behelmte Feuerwehr- und Luftschutzleute arbeiteten mit Kabelrollen und Preßluftbohrern. Niemand wußte, was dort geschah. Ein Signalhorn ertönte. Die Feuerwehren, Arbeiter und Bauwagen verließen die Lindenstraße vor der Synagoge und hielten 100 bis 200 m entfernt an. Es gab dreimal ein langgezogenes Signal, danach krachte es laut, und die Kuppel der Synagoge sank in einer riesigen Staubwolke in sich zusammen. Es wurde Entwarnung geblasen, die Polizei gab die Brücke frei und forderte in barscher Art die Leute zum Weitergehen auf.
Nie wieder begegnete ich den »gezeichneten Sternkindern« auf der Honigbrücke.

Die ersten russischen Bomben auf Königsberg

Während Westdeutschland schwer unter Bombenangriffen litt, lebten wir in Ostpreußen in dieser Hinsicht sehr friedlich. Natürlich drang der Tod durch die Nachricht von gefallenen Vätern und Söhnen in unsere Häuser, wurden Keller durch eingezogene Balken und Holzstreben zu Schutzräumen umgebaut, mußten »Luftschutzkoffer« mit Wertpapieren, Ausweisen, Urkunden und Ersatzkleidung griffbereit stehen. Sirenenproben mit Flieger-, Giftgas-Alarm und Entwarnungsgeheul gehörten zum Alltag. Die wenigen Autos fuhren abends mit geschwärzten Scheinwerfern, die Gas-Straßenlaternen wurden ganz niedrig gedreht und gingen bei Fliegeralarm aus. Der Gasdruck in den Herden und Kochern sank ab, da der

große Königsberger Gasdruckkessel nur minimal befüllt wurde.
Der Nichtangriffspakt mit Rußland vom 23. August 1939 bescherte uns ruhige Nächte, da englische Bomber den weiten Weg nach Königsberg nicht flogen.
Im Juni 1941 wurde es plötzlich anders. Nachts heulten die Sirenen. Aus tiefem Schlaf gerissen sprangen wir aus den Betten, konnten vor lauter Zittern nicht schnell genug in die Kleider schlüpfen und liefen die Treppen hinunter in den Keller. Mutter stolperte auf der letzten schmalen Kellerstufe und brach sich den Vorderfußknochen.
Deutlich hörten wir das Gebrumme tieffliegender Flugzeuge, unsere Flak feuerte Salve um Salve. Ein Donnergetöse, der Keller, die Balken und Holzstreben begannen zu schwanken, Kalk und Mörtel rieselten von der Decke, das Licht verlöschte, Frauen schrien und dann plötzlich Stille. Das Beben hörte auf, die Angst aber nicht. Der Luftschutzwart öffnete die Schutzraumtür einen Spalt, lief ein paar Schritte nach draußen. Unser Haus war unversehrt, kein Feuer loderte.
Als die Sirenen Entwarnung heulten, gingen wir erleichtert auf die Straße und sahen am Neuen Markt einen großen Bombentrichter, ein paar zerbrochene Dachziegel und Fensterscheiben. Die Bombe war ein Blindgänger gewesen. Einige Feuerwehren fuhren in Richtung Altstädtische Langgasse, es schien kein großer Schaden angerichtet worden zu sein.
Große Schlagzeile in der Nachmittagsausgabe der »Preußischen Zeitung« (die »Königsberger Allgemeine Zeitung« wurde während des Krieges verboten): »Russische Bomben auf Königsberg entpuppen sich als Blindgänger.« Tatsächlich hatten sie auf der Laak und an wenigen anderen Stellen der Stadt keine Explosionen ausgelöst. Neugierig pilgerten die Königsberger zu den Einschlagstellen, nicht ahnend, daß das Inferno sie im August 1944

durch zwei große englische Luftangriffe heimsuchen würde.
Der unvorhersehbare Überfall der Deutschen Wehrmacht am 22. Juni 1941 auf die Sowjetunion traf diese unvorbereitet. Unsere Truppen durchbrachen den geringen Widerstand an der Stalin-Linie und stießen schnell über Smolensk in Richtung Moskau vor.
Selten verirrte sich ein russischer Bomber über unsere Stadt; er wurde schnell vertrieben. Aber die Diktatur, die Entbehrungen, Dienstverpflichtungen und Verluste von Angehörigen im Felde nahmen immer mehr zu. Schulen wurden zu Lazaretten oder Notquartieren für durchziehende Soldaten zur Ostfront. Durchhalteparolen, Plakate: »Psst, Feind hört mit«, Verbote von Tanzvergnügungen, von Jazz und Gershwin, von Musik jüdischer Komponisten wie Mendelssohn-Bartholdy, Meyerbeer und anderen.
Vater mußte Sanitätsdienst leisten und bekam für seine Werkstatt französische kriegsgefangene Kürschner zugeteilt. Die Wehrmachtsaufträge mußten weiter erfüllt werden, Mutter leitete das Geschäft so gut sie konnte. Bruder Gerhard, siebzehn Jahre alt, verließ die Vorstädtische Oberschule mit der mittleren Reife und wurde in unserem Betrieb Kürschnerlehrling. Seine Aufgabe war es auch, diese Kriegsgefangenen aus ihrem Lager zur Arbeit abzuholen und wieder zurückzubringen. Die Gefangenen mußten im Rinnstein der Fahrbahn gehen, Gerhard nach Vorschrift auf dem Bürgersteig. Wenn die Franzosen bei uns nicht so gut behandelt worden wären, Vater sich in seiner sanitätsdienstfreien Zeit nicht freundschaftlich in ihrer Muttersprache unterhalten und Mutter ihnen nicht heimlich Brot und eine warme Suppe gegeben hätte, dann würde der unbewaffnete Gerhard als Bewacher sie an einer Flucht nicht gehindert haben können.

Der Student

Im Herbst 1941 immatrikulierte sich Horst an der Albertus-Universität in Königsberg mit den Fächern Jurisprudenz und Nationalökonomie. Ich wünschte, er wäre zur Theologie gegangen. Romantisch schwärmte ich von einem verwunschenen Pfarrgarten, einem großen Haus mit mindestens vier Kindern. Durch den Religionsunterricht war ich sehr religiös geworden und fühlte, daß man Horst sehr vertrauen konnte.

Er wurde mein seelischer Beichtvater. Wenn ich bei meinen Eltern kein Verständnis zu finden glaubte, meine langsam wachsende Liebe zu Horst niemand anvertrauen durfte, dann genügte es, wenn wir schweigend Hand in Hand am Schloßteich spazierengingen. Eine große Ruhe breitete sich über meiner kranken Seele aus.

In der festen Überzeugung, füreinander geschaffen zu sein, versprachen wir uns am 17.12.1941 am dunklen Pregel bei unwirtlichem Naßschnee, ein Leben lang treu zu bleiben. Das war unsere heimliche Verlobung, die ewig dauern sollte.

Horst wurde zum Militär eingezogen. Nur Briefe verbanden uns noch. Den letzten Feldpostbrief erhielt ich 1944 in Serock aus Karelien in Finnland. Kurz vor meiner Halsoperation in Königsberg-Cranz traf ich Ende Juli seinen Vater, der mir von seiner schweren Verwundung, Verlust des linken Unterschenkels und Minensplitter im rechten Bein, erzählte.

Meine Eltern, die Horst als einen sehr netten und anständigen Menschen inzwischen akzeptiert hatten, waren sehr betroffen. Aus den Erfahrungen Vaters im Ersten Weltkrieg sah er den Fall als hoffnungslos an. Ich aber wollte, wie an dem kalten Dezemberabend versprochen, treu zu ihm halten.

Alpträume

1. September 1941

»Juden, die das sechste Lebensjahr vollendet haben, ist es verboten, sich in der Öffentlichkeit ohne einen Judenstern zu zeigen.
Der Judenstern besteht aus einem handtellergroßen, schwarz ausgezogenen Sechsstern aus gelbem Stoff mit der schwarzen Aufschrift ›Jude‹.
Er ist sichtbar auf der linken Brust des Kleidungsstückes fest aufgenäht zu tragen.«
Ab 14. November 1941 durften Juden keine Geschäfte führen, keine Autos fahren oder besitzen. Jüdische Schüler mußten aus deutschen Schulen entfernt werden.
Sonnabends machte ich auf dem Schulweg mit Vater gerne einen kurzen Umweg über die Schmiedestraße zum Altstädtischen Markt. Natürlich mit dem Hintergedanken, was würde beim Bummel zwischen den Obstständen und Körben der Gärtner in meine Schultasche wandern. Der großzügige Vater schenkte gern und reichlich. Seine Spezial-Birnenfrau wog uns 2 Pfund goldgelbe Früchte ab, und eine versenkte ich in meine Tasche. Bei einer Apfelbäuerin entdeckten wir die säuerlich erfrischenden »Hasenkopf«-Äpfel und Johannisbeeren. Dann kaufte Vater noch den Dickstielapfel, meine Lieblingssorte, von dem ich gleich einen anbiß.
In der bunten Menschenmenge sah ich plötzlich die Halbglatze unseres alten Hauswirtes, Herrn Frühling, den ich lange nicht getroffen hatte. Ich rief, winkte und begann mich zu ihm durchzuschieben. Er blickte mich groß und erschrocken an, drehte sich um und strebte in eine andere Richtung fort.
»Warum hat Herr Frühling mir den Rücken zugekehrt, warum läuft er vor mir davon?« – »Peterlein, er trug den

gelben Judenstern und wollte uns nicht in Verlegenheit bringen.« Ich verstand die Welt nicht mehr.
Onkel Walter mußte bei seinem Polizeidienst zwischendurch Zugtransporte mit Lebensmitteln, Maschinenteilen und Waren aller Art innerhalb des deutschen Reiches begleiten. Daher besuchte er uns seltener.
Eines Abends läutete es Sturm an unserer Wohnungstür, und Vater brachte den blassen, zitternden Onkel ins Zimmer. Er war diesmal von einem Bahntransport, der Arbeitskräfte nach Rußland zum Stellungen- und Gräbenschaufeln bringen sollte, zurückgekommen. Die vermeintlichen Arbeiter in den geschlossenen Güterwaggons waren Judenfamilien gewesen, die auf freier Strecke aussteigen mußten. An einem Waldstück standen vor ausgehobenen Gruben bewaffnete SS-Soldaten mit Maschinengewehren. Sie trieben die Menschen an den Rand der Gruben und mähten sie nieder. Wer fliehen wollte, wurde sofort erschossen.
Das Zugpersonal und die Begleiter wurden zu größtem Stillschweigen verpflichtet, bekamen reichlich Alkohol und fuhren wieder nach Königsberg zurück. Onkel Walter war beim Anblick des Massakers durchgedreht, erhielt in der Krankenstube Beruhigungsspritzen und wurde beurlaubt. Als Junggeselle hatte er keine Unterkunft, er war kaserniert und suchte nun bei uns eine Zuflucht. Wir verbrachten keine ruhige Nacht, Onkel Walter schrie laut auf im Schlaf, sprang aus dem Bett, schlug wild um sich. Die Eltern mußten ihn immer wieder beruhigen.
Daß wir ja nicht von den Vorfällen zu irgend jemand sprachen! Die Angst saß im Nacken.
Unser Fräulein Klassenlehrerin hatte nämlich Vater vor ein paar Wochen in seinem Pelzgeschäft aufgesucht und ihm von meinen kritischen Äußerungen gegen das Regime in Schulaufsätzen und im Unterricht erzählt. Ich hätte die Themenstellungen »Wir helfen siegen«, »Heimkehr

der siegreichen Truppen nach Königsberg« oder »Wir sammeln Altmaterial« und »Die stolzen Mütter« usw. unter aufreizendem Stöhnen abgelehnt. Auch hätte ich mich über das Verspotten und Schikanieren der kleinen Judenkinder mit dem gelben Stern seitens der Mädchen unserer Schule, die auf der Honigbrücke jene vom Fußweg auf die Fahrbahn gestoßen haben, aufgeregt. Sie wollte Vater warnen, damit er mich zu mehr Vorsicht anhielte. Sie war friedfertig, trug aber als Lehrerin öffentliche politische Verantwortung.
Onkel Walter ging es allmählich besser, und er wurde als Revierpolizist im ruhigen Juditten eingesetzt.
Dort trafen wir uns nach all den Odysseen kurz vor der endgültigen Flucht aus Königsberg wieder. Zufällig machte er in dem Häuserareal Dienst, in dem die Villa, unsere letzte Zufluchtsstätte, lag. War er auf Streifengang, schaute er oft 15 bis 20 »Minütchen auf eine Tasse Kaffee« zum Aufwärmen in jenem schrecklichen Januar 1945 zu uns herein.
Danach verlor sich seine Spur.

»Mit uns zieht die neue Zeit ...«

Von der Sütterlin - zur Lateinschrift

Eineinhalb Jahre vor unserer Schulabschlußprüfung löste laut Staatsbeschluß die lateinische Schrift die bisherige Sütterlinschrift ab.
Für uns war es eine enorme Umstellung, beim schnellen Schreiben die beiden Schriften nicht durcheinanderzubringen. Grammatikalisch war es eine Erleichterung. Die Schwierigkeiten der Rechtschreibung mit den verschiede-

nen »S« fielen fort. Aber Aufsätze konnte ich nur in Sütterlin schreiben, da die Schrift aus der jahrelangen Gewohnheit automatisch lief und nicht das Denken beeinflußte. Zur großen Schulabschlußarbeit in Deutsch erbat ich, doch ausnahmsweise noch einmal die Sütterlinschrift zu genehmigen. Es war lächerlich, deshalb eine Lehrerkonferenz abzuhalten. Aber: »Vorschrift ist Vorschrift«, und im NS-Staat ahndete man Übertretung mit Strafen. Dennoch, durch die Selbsterfahrung des Lehrkörpers mit der Schreibumstellung durften wir dieses eine Mal die Schriftart frei wählen.
Als zweite Neuerung kam die Veränderung des Zensurensystems. Die bisherigen *fünf* Leistungsgrade wurden auf *sechs* erweitert:

1 – sehr gut
2 – gut
3 – befriedigend
4 – ausreichend
5 – mangelhaft
neu: 6 – ungenügend

Um ein »Sehr gut« zu erhalten, hätte man von nun an ein Mozart (1756–1791) in Musik oder ein Karl Friedrich Gauß (1777–1855) in Mathematik sein müssen.
Gerade uns traf diese Veränderung kurz vor der Ausgabe der Abschlußzeugnisse hart. Wie blamabel sahen plötzlich die Zensuren aus. Wo im Vorjahr viele »Sehr guts« prangten, kein »Genügend« weit und breit zu sehen war, standen jetzt die vielen belanglosen »Guts«; »Befriedigend«, und auch »Ausreichend« tauchte auf.

Meine Schulentlassung am 27. 3. 1943

Einer der traurigsten Tage in meinem Leben war für mich das Ende der Schulzeit. Wohl war der kontinuierliche Unterricht in den letzten zwei Jahren nicht mehr gewährleistet, aber wenigstens einmal in der Woche kam man in der ungeheizten Klasse zusammen. Jeder brachte ein Stück Kohle, Holz oder Brikett mit, und wir heizten den Kachelofen selber, damit wir im Winter, in Mäntel gehüllt, nicht zu sehr froren. Fräulein Raabe, unsere Klassenlehrerin, sammelte die schriftlichen Hausaufgaben der letzten Woche ein, unterrichtete etwas Deutsch, Englisch und Erdkunde, gab neue Schularbeiten auf und erkundigte sich nach dem privaten Wohlergehen.
Wenn unsere Schule von durchziehenden Truppen, Bezugsscheinamt oder Kinderberatungsstelle wieder freigegeben wurde, war der Unterricht fast so wie in den ersten Jahren in diesen Räumen am Dom.
Wir bereiteten uns auf die mittlere Reife vor. Fräulein Raabe las aus ihrem Dichterlexikon seitenlang Lebensdaten, Werkerscheinungen, Theateraufführungen, wichtigste Veröffentlichungen usw. vor. Wir schrieben eifrig mit, denn es fehlte an Schulbüchern. Ein Auswendiglernen und Abfragen begann. In Mathe unterrichteten wir uns mehr selbst, als daß Herr Dr. Wolfgram, der stellvertretender Direktor wurde, noch Zeit für Algebra und Formeln fand. Die Präparandenanstaltbücher meines Vaters wurden unsere Wegweiser. Was ich am Tag zuvor herausgeknobelt hatte, breitete ich, für alle verständlich, an der Tafel aus. Es wäre doch gelacht, wenn auch nur eine von uns an den Zahlenkunststücken scheitern sollte.
Als es uns dann doch zu bunt wurde, am nächsten Tag eine schwierige Raumlehre- und kaufmännische Rechenarbeit schreiben zu müssen, wagten wir ein riskantes Experi-

ment, dem alle zweiunddreißig Schülerinnen zustimmten. Wir wollten, damals einfach undenkbar, streiken. Alle schworen, nur ein leeres Blatt abzugeben. Der Morgen kam und mit ihm der Lehrer, die nicht genügend erklärten Aufgaben in der Hand. Wie besprochen rechneten wir eifrig auf einem Ersatzblatt. Der Lehrer merkte nichts von der Täuschung. Meine Angst, eine Mitschülerin könnte ihr Versprechen brechen, verlor sich sofort, als ich die Schwierigkeiten der gestellten Aufgaben übersah. Die Schulglocke läutete, wir sammelten die Blätter, nur mit dem vorgegebenen Aufgabentext beschriftet, ein und gaben sie ab. Ich konnte es nicht leugnen, uns allen war's ein bißchen mulmig.

Nach zwei Tagen kam das Strafgericht über uns. Wir hatten die Schulhierarchie erschüttert. Unsere Klassenlehrerin hielt einen vernichtenden Vortrag mit der Drohung, einen Sechser ins Zeugnis zu schreiben, den Abschluß zu gefährden . . . Der Mathelehrer erschien vorerst nicht bei uns, der Direktor wurde am nächsten Tag erwartet. Ich stand auf, bekannte mich unerschütterlich zu der Anzettlung der Idee, stellte richtig, daß man nichts verlangen kann, was man nicht vorher geboten hatte. Da störte mich weder die aufflammende Zornesröte noch die scharfe Stimme. Was Recht ist, mußte auch Recht bleiben, und wir waren uns keiner Schuld bewußt.

Wir konnten es dann nicht fassen – die ganze einmalige Geschichte verlief lautlos im Sande. Es gab keine Sechser, keine Klassenbucheinträge. Die unbeschriebenen Blätter waren verweht.

Wir lernten nicht nur für den Schulabschluß, sondern dachten uns auch eine würdige Feier aus. Ein Festmahl konnten wir nicht bieten. Die Lebensmittelrationen waren zu knapp. So mußte für geistige Nahrung gesorgt werden. Das Abschiedsgeschenk an unser gutes Fräulein Raabe, das sich sechs Jahre lang mit uns gefreut, sich über

uns geärgert, uns verteidigt und gescholten hatte, sollte etwas Bleibendes sein, sie immer an die schöne Klassengemeinschaft erinnern. Unsere Erna konnte durch ihren Vater, der Goldschmied in der Bernsteinmanufaktur war, ein besonders großes Stück Bernstein mit Einschlüssen als Briefbeschwerer besorgen, befestigt auf einen Holzblock mit eingraviertem Silberschild »Zur Erinnerung«. Unsere Mitschülerinnen Anneliese und Gerda, zwei Theaterbesessene, deren liebster Aufenthalt das Schauspielhaus war, brachten es fertig, fünfundvierzig Theaterkarten für unseren Lehrkörper und unsere Klasse zu kaufen. In der Zeit der Zuteilungen aller Art eine Meisterleistung. Die Musik lieferten Uschi und ich: Klavier und Geige. Als besonderen Gag borgten wir uns aus dem Kleiderfonds der Oper vier Rokokokostüme und studierten ein reizendes Menuett ein.
Zur mündlichen Abschlußprüfung erschien der gesamte Lehrkörper. Wie die Geschworenen eines Gerichts saßen sie am Kopfende der Klasse und richteten mit verschlossener Miene. Als ich über Nietzsche referieren mußte, verstieg ich mich dazu, den Bogen zu Adolf Hitlers »Mein Kampf« als politisches Glaubensbekenntnis zu schlagen. Da stand unser Herr Direktor Schmischke in seiner ganzen respektablen Größe auf und fragte mich: »Was für ein Glaubensbekenntnis gibt es noch?« Allen stockte der Atem. Und da kam mir mein Kindergottesdienst zu Hilfe. Ich ratterte das christliche Glaubensbekenntnis nur so runter. Fräulein Bischof, unsere Religionslehrerin, hob die Hand: »Danke, das reicht gleich für Religion.« Lehrer Krewald war mit den Vererbungsgesetzen für Biologie bedient, und Nietzsche langte auch für die Deutschnote.
Und so hatte jede von uns ihre Glückssträhne, manche ein wenig Pech, doch alle hatten wir bestanden.
Nur noch ein einziges Mal trafen wir uns, und jede erzählte, was sie vorhatte. Die meisten mußten für ihren zukünf-

tigen Beruf das Pflichtjahr in einem kinderreichen Haushalt ableisten, danach Arbeitsdienst oder Praktikum für Gutsrendantin, Kindergärtnerin, Lehrerin, medizinisch-technische Assistentin usw.

Ich ging, wie mir Vater vor Jahren versprochen hatte, zur Aufnahmeprüfung ins Luisengymnasium. Alles klappte gut, Mathe mal wieder mit Glanz, aber Latein, das wir in unserer Schule nicht als Lehrfach hatten, war mangelhaft. Ich hatte ein halbes Jahr Privatstunden genommen, aber ein Sechsjahrespensum konnte damit nicht geschafft werden. Da ich in zwei Jahren das Abitur hätte ablegen müssen, sollte ich die 6. Klasse zum Aufarbeiten und Eingewöhnen ins Gymnasium wiederholen. Ich besprach mich mit meinen Eltern. Und angesichts der miserablen Möglichkeiten eines geregelten Unterrichts, der ungewissen Zukunft, wäre eine Berufsausbildung erst einmal vorzuziehen. Ganz überzeugt, daß dieses die bessere Lösung wäre, war ich nicht, meldete mich aber trotzdem beim hygienischen Institut zur Ausbildung als medizinisch-technische Assistentin an. Wie überall, galt als Voraussetzung die Ableistung des Pflichtjahres und des Arbeitsdienstes.

Mir wurde ein Fünfkinder-Haushalt zugeteilt. Eine scheußliche Zeit. Die Kinder frech und unerzogen. Selbst der Dreijährige machte noch alles in die Hosen, was ich beseitigen mußte. Ging ich mit den vier Kleinen am Oberteich spazieren, stiegen sie einfach ins Wasser oder liefen mir fort, ohne daß ich mit dem Babykinderwagen so schnell folgen konnte. Selbst am Sonntag mußte ich Türen seifen und flicken. Ich meldete mich vorzeitig freiwillig zum Arbeitsdienst und konnte dadurch diese Haushaltsfron auf ein halbes Jahr verkürzen.

Hin und wieder traf ich in der Stadt eine alte Klassenkameradin, die gleichfalls frustriert von dieser Pflichtjahr-Einrichtung war.

Am 30. Oktober 1943 bekam ich die Einberufung zum Reichsarbeitsdienst nach Serock, dort, wo Bug und Narew zusammenfließen, nicht weit von Warschau entfernt. Nun flog auch das Töchterchen aus dem Haus der Eltern, die ganz alleine besorgt zurückblieben.

Arbeitsdienst in Serock

Ich war heilfroh, daß meine vorzeitige Meldung zum Arbeitsdienst akzeptiert wurde. Die primitiven, erniedrigenden Arbeiten in dem lieblosen Haushalt waren deprimierend gewesen. Eigentlich hätte ich achtzehn Jahre alt sein müssen, aber nun hatte ich mit knapp siebzehneinhalb Jahren die Fahrkarte nach Serock in der Tasche.
Der Zug war mit Frontsoldaten überfüllt, die zu ihren Standorten aus dem Urlaub oder Lazarett fuhren. Laufend kontrollierten Wehrmachtsstreifen Ausweise und Marschbefehle, da wir ja in Richtung Warschau im besetzten polnischen Gebiet unterwegs waren.
An meinem Zielort erwarteten mich zwei Maiden aus dem Lager. Einige junge Zivilistinnen, aus anderen Richtungen kommend, saßen im Sonnenschein auf einer Bank, da noch aus Leipzig Neuzugang eintreffen sollte. Vom kleinen Ort Serock sahen wir nichts. Ein LKW transportierte uns zehn Persönchen in das abgelegene Lager.
Welch satte, farbenprächtige Landschaft! Wäre es nicht Krieg, hätte man hier Urlaub machen sollen. Schon von weitem sah ich ein Gutsgebäude auf dem 20 m hohen Steilufer am wilden Zusammenfluß von Bug und Narew in der Abendsonne liegen. Das sei unser Haupthaus, erklärten die Maiden und zeigten uns beim Passieren einer aus

Schlaglöchern und losen Pflastersteinen bestehenden kleinen Dorfstraße auch den Milchladen, die Post und die mit Stacheldraht verbarrikadierte Polizeistation. Wir bogen von der Straße ab, fuhren einen Feldweg entlang und waren da.
So schön es von weitem erschien, entpuppte sich das Haus als ein heruntergewirtschafteter Bau, mit bröckelndem Mauerwerk, einigen zerbrochenen Fensterscheiben. Zwei neue Holzbaracken, eine Pumpe im Hof, eine Baracke im Rohbau, ein Plumpsklo-Toilettenhaus und ein kleines Arbeitersteinhaus rundeten das Lagerensemble ab. Trotzdem fesselten die Herbheit der rauschenden Flüsse unterhalb unseres Plateaus, ein paar alte Bäume und der grasbewachsene Abhang meinen Blick, und ich wußte, dieses Stückchen Erde werde ich lieben lernen.
Wir Neuankömmlinge wurden begrüßt, bekamen unsere Doppelstockbetten zugewiesen, Bettwäsche und ein grobes Nachthemd. Die fertige Hauptbaracke beherbergte den Essensraum für fünfzig Personen, zwei Kameradschaftsschlafräume mit je sechs Doppelstockbetten, einen Kanonenofen in der Mitte und zwölf schmale Spinde. Nach einem Teller Suppe und Brot gingen wir schlafen.
Eine Trillerpfeife weckte uns, wir zogen unsere Zivilsachen an und wurden Schritt für Schritt in das Lagerleben eingeführt, mit den Verhaltensregeln bekannt gemacht, eingekleidet und zu Arbeiten eingeteilt. Vierzehn Tage lang blieben wir nur in unserem Gelände, bis wir zur Bauernarbeit in den Außendienst gingen. Die letzten Kartoffeln wurden aufgelesen und die Rübenernte eingebracht. Wir hatten weite und gefahrvolle Wege zu unseren Höfen, die drei bis fünf Kilometer um Serock verstreut lagen. Die beiden Flüsse waren am schwierigsten. Solange sie eisfrei waren, gelangten wir mit dem Boot des Fährmanns rüber. Bei Überschwemmungen, wenn die Wasser über die Ufer traten, retteten uns nach dem Übersetzen

auch die Gummistiefel nicht vor nassen Füßen und morastigen Untiefen. Wir brauchten oft Stunden, um auf Umwegen zu unseren Höfen zu kommen und trockneten in den kälter werdenden Herbsttagen die Kleider an deren Öfen, um dann den gleichen unsinnigen Marsch ins Lager zurückzumachen. Waren die Flüsse gefroren, gingen wir über das Eis. Bildeten sich dagegen Treibschollen, fuhr der Fährmann nicht, und wir mußten im Lager bleiben.
Die landeinwärts liegenden Gehöfte hatten wieder andere Gefahren. Nicht umsonst war die Polizei mit hohen Zäunen und Stacheldraht gesichert. Es gab eine gefürchtete Partisanentätigkeit. Für uns galt die Devise, vor Dunkelheit immer das Lager zu erreichen.
Im Winter brachen wir erst gegen 9 Uhr auf, brauchten eineinhalb bis zwei Stunden zu den Gehöften, halfen in der Küche, beim Dreschen, auf dem Hof beim Holzmachen und traten spätestens um 15 Uhr den Rückweg an. Der harte Winter machte uns zu schaffen. Jedes bißchen Wasser mußte mit dem langen Eisenschwengel der Pumpe aus ziemlicher Tiefe hochgepumpt werden. Unsere Hände froren am kalten Eisen an. Das aus den Eimern vergossene Wasser verwandelte den Weg in Eisbahnen, auf denen wir mit unseren Holzpantinen ausglitten. Der Waschraum war unheizbar, zwei Scheiben zerbrochen. Der Wasserdienst mußte umfangreiche Holzbottiche für fünfzig Menschen, Eimer für Eimer, mit Pumpenwasser füllen, das morgens gefroren war. Nur am Sonnabend nachmittag brodelte auf dem Küchenherd heißes Wasser zum Haarewaschen und zur Ganzkörperpflege, das mit zwei Liter pro Maid zugeteilt wurde. Die Dorfkinder hatten längst spitz bekommen, daß sie durch die Scheibenlöcher ganz »unerhörten Schweinkram« sehen konnten, nackte Weiber! Durch den Dampf tauchten ihre erstaunten Augen auf. Es gab keinen Sichtschutzvorhang und auch keine neuen Fenster.

Die Wäschekolonne hatte dasselbe Schicksal. Wenn die Arbeitsdienstführerin nicht da war, spülten wir die Wäsche höchstens ein Mal und kochten Unterwäsche, Handtücher und Bettwäsche immer in der gleichen Lauge. Wer sollte, dampfverschwitzt, den weiten Weg hin und zurück mit den schweren Eimern machen? Die Kanonenöfen verströmten Hitze nur im kleinen Umkreis, der größte Teil der zugigen Barackenräume blieb kalt. Für jeden Schlafsaal gab es einen Eimer Brennmaterial pro Tag. Es war Heulen und Zähneklappern! Nachts zogen wir heimlich die Trainingsanzüge an, denn die zwei ausgeschabten Wolldecken wärmten nicht.
Die Lagerführerin wohnte im ehemaligen Gutsherrnsteinhaus, das kein fließend Wasser hatte, aber Kachelöfen. Im Parterre waren die Lagerküche und Vorratsräume, im ersten Stock drei Zimmer für die Führerinnen und eine Krankenstube.
Das Toilettenhäuschen stand etwa 100 m von den Lagerbaracken entfernt am Abhang des nicht eingezäunten Areals. Es gab weder Licht noch Wasser. Nachts, bei Dunkelheit und Kälte, hatten wir Angst, die Plumpsklos aufzusuchen. Oft entdeckten wir morgens im frisch gefallenen Schnee Spuren von großen Männerstiefeln und hatten auch hin und wieder ein Kratzen an unseren zum Glück sehr festen, von innen verschließbaren Holzfensterläden gehört. Waren es bloß Neugierige oder umherziehende Untergrundkämpfer?
Aber auch andere Schneeverzierungen wurden sichtbar, gelbliche kleine gefrorene Seenlandschaften und hin und wieder ein braunes Ringelhäufchen. Beim Morgenappell gab es ein großes Donnerwetter von der Führerin. Wir könnten zu zweit den Weg zur Toilette wagen. Aber die Lösung, wer wen wecken und begleiten sollte, gab sie nicht, und erst der Frühling löste dieses Problem.
Was das ganze Dasein erträglich machte, war der kame-

radschaftliche Ton unter den Bewohnerinnen des Lagers. Unter uns war keine besessene, ideologisch überkandidelte Person, die einem das Leben zur Hölle gemacht hätte. Alles wurde ruhig angegangen, man war auf einem Außenposten, der andere Maßstäbe setzte, als kleinliche Bürokratie.
Die Postverbindung mit zu Hause war für alle ein sehr wichtiger Faktor. Beim Abendbrot wurden die Briefe verteilt. Ich erhielt oft Post – aus verschiedenen Gegenden: von den Eltern aus Königsberg, die sich sehr nach ihren Kindern sehnten, von meinem Bruder aus Rußland und von Horst. Meine Freundin Mülli aus Leipzig bangte nach jedem Fliegerangriff auf ihre Heimatstadt um das Leben ihrer Angehörigen. Eine Kameradin hatte ihre ganze Familie verloren. Sie kam nach acht Tagen Sonderurlaub bei ihren Verwandten völlig verstört zurück. Es gab nichts mehr unter den ausgebrannten Trümmern zu beerdigen. Bei anderen Maiden trafen manchmal auch traurige Nachrichten ein, daß ein Bruder vermißt oder ein Vater gefallen war.

»Mülli«

Ursula Müller wurde meine beste Freundin. In der Freizeit waren wir fast immer zusammen. Schon in den ersten Lagertagen, als wir die uns zugeteilte Kleidung in der »Putz- und Flickstunde« passend machen mußten, saßen wir nebeneinander. Sie hatte nur den Saum des blauen, kurzärmeligen Arbeitskleides zu verlängern. Ich saß hoffnungslos vor meinem Kleiderberg. Aus den Ärmeln guckten überall die nackten langen Arme heraus, und die Rocksäume reichten nicht eine Handbreit unters Knie. »Hexenstich«, der uns allen unbekannt war, ordnete die Hauswirtschaftsführerin verbindlich an.
Mülli war schnell fertig geworden, als ich erst am Kostümsaum prumte. Den braunen Mantel, welchen wir zum Aus-

gang und im Winter über Arbeitskleid und ausgescheuerter Strickjacke trugen, und die Kostümjacke hatte ich noch nicht in Arbeit. Ich trennte alle Ärmelkanten auf, damit ich nicht so ausgewachsen aussah. Da packte Mülli zu, und bei lustigen Gesprächen bewältigten wir das Nähproblem. Der Spind konnte eingerichtet werden.

An die Innenseite der Tür hefteten die meisten Maiden die Fotos ihrer Freunde an, das Bild der Eltern und Geschwister. Ich befriedigte nicht die Neugierde der inspizierenden Führerinnen und Zimmerkameradinnen. Meine Familie, meinen Horst wollte ich für mich alleine haben. Sie sollten nicht mit blöden Bemerkungen die privatesten Bereiche und Gefühle verletzen. Meine Fotos bekam niemand, außer Mülli, zu Gesicht.

Auf dem oberen Brett lag der herrenförmige Arbeitsdiensthut für den Sonntag, daneben das rote Kopftuch für die Arbeit. Darunter befand sich die Unterwäsche, zwei Hemden und zwei Paar dicke »Sturzbomber«, weiße massive Schlüpfer mit langen Beinlingen. Dazu gab es »Schritttücher«, die in den Zwickel eingeknüpft wurden und öfter gewechselt werden konnten. Ansonsten mußte die Leibwäsche eine Woche getragen werden. Zwei weiße Blusen, ein Paar derbe schwarze, hohe Schnürschuhe, ein Paar Halbschuhe, ein Paar Holzpantinen und zwei Paar Socken vervollständigten unsere Ausrüstung.

Das Glück war uns hold, im November hatten wir im Außendienst zwei benachbarte Bauernhöfe erwischt. Schön war es, die langen An- und Rückmarschwege gemeinsam zu machen. Mülli, wie ich sie liebevoll nannte, hatte eine der »Auslese«-Stellen bekommen, ich eine der schlampigen. Da gab es viel zu erzählen. Sie von der allein wirtschaftenden Bäuerin mit einem zehnjährigen Kind, deren Mann im Felde war, ich von den chaotischen Zuständen bei meinen Bauersleuten. Gutmütig ging's in beiden Familien zu, und insgeheim war ich froh, daß mich kein

Putzteufel antrieb. Wichtig war es, daß ich mit den Kindern spielte. Die Bäuerin bewunderte mich, daß ich richtige Fußlinge mit Ferse und Spitze stricken konnte.
Eine Woche lang lag sie in einem unsauberen Bett auf ihrem Strohsack, den sie wegen ihrer Periode nicht verlassen wollte. Die Magd knackte hin und wieder Läuse auf ihrem Kopf. In diesem größeren Zimmer wohnte, schlief und aß die ganze Familie. Die polnischen Knechte und Mägde hielten sich in der Küche daneben auf. Dort hatten sie ihr Lumpenlager. In der Ecke puhlten sie beim mickrigen Licht der Petroleumfunzel getrocknete Erbsen und Bohnen aus. Ihre selten gewaschenen Hemden und die einzigen Socken trockneten über dem Herd, auf dem unser Essenstopf brodelte. Der Bauer und die Knechte schliefen viel. Nie sah ich sie Gebäude ausbessern oder etwas reparieren. Sie hielten eine Art Winterschlaf.
Ihre Kinder besaßen je ein Paar Holzschlorren, ein Paar Strümpfe und einen Kittel. Als ich zu ihnen kam, hatten die Kinderstrümpfe an den Fersen große Löcher, und tagelang liefen sie damit umher. Die Löcher wurden immer größer. Ich wollte die Socken waschen und stopfen. Ein Gezeter! Es waren die einzigen, und sie wurden bis zum Frühjahr anbehalten. Diesem Elend der Kinder konnte ich nicht tatenlos zusehen. Ich bat meine Eltern, auf Kleiderkartenpunkte Strumpfwolle zu kaufen. Bald kam die Wollsendung an, und jede freie Minute im Lager strickte ich für »meine« Polenkinder »Weihnachtssocken«. Schlafen gingen sie in voller Montur.
Der Holzfußboden war mit Sand bestreut und wurde einmal in der Woche gescheuert. Der Großvater hustete laufend und spuckte seinen Qualster auf die Diele. Die Kleinkinder verrichteten bei starker Kälte ihre Notdurft im Zimmer auf dem Blech des Ofens. Die Magd beseitigte zweimal am Tag diesen Dreck.
Mittags saßen wir vier Erwachsenen am kleinen Tisch, die

drei Kinder standen. In die Mitte des Tisches wurde eine große Schüssel mit Kartoffelbrei gestellt, in dessen Vertiefung ausgelassenes heißes Griebenfett geschüttet war. Jeder bohrte mit seinem Löffel eine Rinne und leitete etwas Fett auf seine Seite ab. Zwischendurch spuckte Großvater auf den Boden, daß mir vollends der Appetit verging.
War der Hafer für's Vieh oder das Getreide für das Mehl zu Ende, wurde wieder ein kleines »Portiönchen« gedroschen. Ich sollte dabei die Getreidegarben aus dem Fach der Scheune zur Dreschmaschine tragen. Es waren die letzten drei Lagen auf dem gestampften Boden, und die Knechte machten sich einen Jux, gerade mich an diesem Platz einzusetzen. Ich hob mit den Händen – die beiden einzigen Heugabeln wurden am Dreschkasten gebraucht – einzelne Garben hoch und warf sie auf die Maschine. Ein erstes Quieken und Rascheln unterm Stroh. Natürlich ein Mäuslein! Ist ja nichts dabei! Als ich an die zweite Lage kam, wurde es schrecklich. Ich watete in Mäusenestern, dicht bei dicht, mit blinden unbehaarten, wurmähnlichen Winzlingen, mit gräulichen größeren Mäusen und deren großen, fetten Eltern. Die Garben hatten kaum noch Körner in den Ähren, die beiden Katzen jagten, sprangen und bissen um sich. Eine Schlamperei, nicht den ganzen Winterdrusch auf einmal durchzuziehen. Mich ekelte der Anblick und das Hineingrabschen in die bewegten Garben. Darauf hatten die Knechte schadenfroh gewartet. Ich ließ mir, mit großen blutigen Schurfstellen an den Händen, nichts anmerken, tat so, als ob mich dies alles nicht erschütterte. Die unterste Lage Roggen wurde für die nächste Woche aufgehoben.
Mülli konnte mich an diesem scheußlichen Tag erfreuen. Bei ihr war Brotbacktag für drei Wochen Bevorratung gewesen. Als ich wegen des frühen Einbruchs der Dunkelheit sie um halbdrei Uhr abholen kam, ließ sie mich an einem großen Knust frischem Brot riechen, den sie ge-

schenkt bekommen hatte. Mit Hochgenuß haben wir beide auf dem Heimweg diese Delikatesse aufschnabuliert.

Eine neue Plage

Wer sie eingeschleppt hatte, wußte niemand. In unseren Schlafsälen hausten plötzlich Flöhe. Anfangs hatte hier und da eine Kameradin einen Stich, der nicht sonderlich Beachtung fand. Woche für Woche wurden wir mehr und mehr gezeichnet. Bunte Sprenkel im Gesicht und auf den geheimsten Körperstellen. Der Schlaf wurde unruhig, es biß und juckte überall. Unsere Erika, ein fülliges, dunkelhaariges temperamentvolles Mädchen, sah eines Morgens ganz entsetzlich aus, übersät mit roten, aufgequollenen Beulen. Der Arzt kam ins Lager, ob es vielleicht ein Hautausschlag wäre? Die Flöhe waren es. Salbe für den Körper, Pulver für die Strohsäcke wurde beschafft. Die Plage blieb. Ich litt nicht sehr, mein Blut mußte ihnen nicht schmecken. Erika bat mich, mit dem Bett zu tauschen, vielleicht wäre mein Strohsack flohfrei. Es blieb das gleiche Theater, sie blühte weiter mit Beulen auf, mich bissen sie nur selten. Eine Desinfektion des Raumes half nur für kurze Zeit.

Im Lager wurden für Weihnachten Fett, Zucker, Eier und Sonderrationen aufgespart. Eigenartigerweise gab es immer weniger Post. (Die Führerin hortete für jede Maid wenigstens einen Heimatbrief oder ein Päckchen, damit keine von uns mit leeren Händen dasäße.)

Aus Stroh wurde Baumschmuck geflochten, eine Kiste voll roter Äpfel traf ein. Viele Mädchen machten für die Eltern Handarbeiten. Wir sangen nach dem Abendbrot zweistimmige Lieder bei Kerzenlicht und führten ein ruhiges Arbeitsleben, da der Bauerneinsatz bei abnehmendem Tageslicht immer kürzer wurde. Die meisten Mädchen aus dem Reich sollten in Urlaub fahren. Meine Eltern waren für zwei Tage eingeladen worden, um meine Geige ins Lager zu bringen. Wir wollten im nächstgelegenen Lazarett ein Weihnachtssingen mit Musik machen. Für die Tage nach Weihnachten hatten wir die deutschen Familien aus der Umgebung zu einem Hauskonzert mit Liedern und Duos für Geige und Klavier gebeten. Es war, trotz Arbeit, eine gemütliche Zeit. Nur die immer größer werdenden suppenden Schorfstellen an meinen Fußknöcheln und Fingergelenken begannen mich zu beunruhigen.

Weihnachten 1943/44

Kurz vor den Festtagen trafen meine Eltern für zwei Tage in unserem Lager ein. Sie waren froh, mich wieder einmal zu sehen, und fanden unsere Führerin sympathisch. An dem harten Leben konnten sie nichts ändern und dachten daran, daß ich in vier Monaten für immer zu Hause sein würde.

Das Weihnachtsfest, mit der wegen Urlaub halbierten Belegschaft, war fast familiär. Es gab gut und reichlich zu essen, die Räume dufteten nach den mit Strohsternen geschmückten frischen Tannenästen. Wir lebten leger: kaum Dienst, spätes Aufstehen, Freizeit. Am ersten Feiertag mußte ich mit der Lagerführung als Arbeitsmaidenabgesandte die Besuchsrundfahrt zu allen Außenstellenbauern mitmachen. Ein Wehrmachtspersonenauto mit Chauffeur holte uns ab. Die Bauern jenseits der Flüsse ließen wir wegen des Eisgangs aus. – Überall empfing man uns mit großer Gastfreundschaft. In den guten Stuben, oft ungeheizt, standen ganz apart dekorierte Tannenbäume. Alles, was irgendwie glitzerte, war als Schmuck aufgehängt: Broschen, Silberpapierkugeln, kleine Spiegel, auch die Sonntagshaarschleifen der Mädchen, Buntpapier, die Püppchen der Kinder. Sie waren liebevolle Lumpensammler. Wir bewunderten ebenfalls Bäume mit Kerzen, Äpfeln, Keksen und Strohschmuck. »Ein Schnäpschen, wenigstens eins!! Und hier die frische Blutwurst mit Rosi-

nen, Buttergebäck!« Die Bauern nötigten und mästeten uns, bis uns fast schlecht wurde. Der Chauffeur hatte nicht nur einen leichten Schwips wie unsere Lagerführerin, sondern fuhr, stark betütelt, beachtliche Schlangenlinien. Aber in den stillen, schlafenden Dörfern war das vollkommen unwichtig.
Mein Bauer hatte in seinem kalten Wohnzimmer ein fettes, in zwei Hälften aufgespaltenes Schwein zum Auskühlen liegen. Hier durften wir nicht ohne Koteletts und frisch gemachte Leberwurst weiterziehn. Gegen 18 Uhr waren wir, vollkommen überfressen und taumelig, im Lager.
Am zweiten Feiertag besuchten wir die Verwundeten im Lazarett. Mit zwei Geigen begleiteten wir die Weihnachtslieder der Kameradinnen. Dann setzten wir uns für einige Minuten an die Betten der Soldaten. Sie waren lustig und freuten sich, mit uns zu plaudern. Andere weinten und schluchzten herzzerreißend. Manche hatten einen Arm oder ein Bein verloren, andere waren erblindet. Viele hatten keine Nachrichten von ihren Frauen und Kindern aus den zerbombten Städten. In zwei Vierbett-Zimmern lagen die Sterbenden. Wir sollten nicht mit ihnen sprechen, sondern nur die Hand halten, ihnen das Gefühl von Heimat und Wärme vermitteln. Es waren alte, abgezehrte Gesichter und auch ganz junge, die ihre Heimat nie wiedersehen würden. Wir waren tief bewegt, schwiegen lange und konnten uns nur langsam aus der Beklemmung lösen.
Zwischen Weihnachten und Neujahr bekamen wir im Lager Gegenbesuch von genesenden Soldaten und einigen Offizieren einer Nachschubbasis. Es wurde ein sehr gemütlicher Tag mit Kaffee und Plätzchen, Gesprächen und Gesellschaftsspielen. Ich trug zum ersten Mal meine warme Innenpelz-Jacke aus Maihamsterfellen, die Vater für mich zu Weihnachten gearbeitet hatte. Endlich brauchte ich in der ausgescheuerten Dienststrickjacke nicht mehr

zu frieren. Sie wärmte mich bis in den kühlen Mai hinein, nach dem Motto, mit dem mich unsere Führerin bespöttelte:

»Ein Ostpreuße von rechter Art
trägt seinen Pelz bis Himmelfahrt,
und wenn wir schreiben Sankt Johann,
so zieht er ihn schon wieder an.«

Und genau so war's. Ich legte die Jacke kaum ab. Mir ging es auch mit den eigenartigen, sich immer mehr vertiefenden und vergrößernden Wunden gar nicht gut. Ich bekam Fieber, wurde in die Krankenstube ins Haupthaus verlegt, vom Arzt untersucht und mit Salben versorgt. Nichts half.

»Noch ist Polen nicht verloren«

Der »Knochenfraß«, wie ich selber die offenen suppenden Stellen an Knöchel-, Knie-, Arm- und Fingergelenken bezeichnet hatte, fing am Ohrläppchen zu knabbern an, das Fieber stieg. Die Krankenhauseinweisung nach Serock begann mit einer gemächlichen Autofahrt durch das verschneite Land.
Ich genoß die Fürsorge, die arbeitsfreie Zeit und die geheizten Räume im Krankenhaus Serock. Der einstöckige kleine Bau war abgeruffelt wie alle Gebäude hier. Der Chefarzt und zwei Krankenschwestern waren Deutsche, sonst arbeiteten sie mit polnischem Personal, das mit uns radebrechte. Das Krankenhaus mußte wohl von einem Nonnenorden gegründet worden sein. In jedem Zimmer hingen in der »Heiligenecke« über den brennenden Öllämpchen Kruzifixe und Marien-Andachtsbilder.
Die Pflege der Kranken besorgten Ordensschwestern mit so breit ausladenden weißen Hauben, daß sie nur seitwärts die Türen passieren konnten. Für körperlich niedere Arbeiten waren Frauen mit weißen Kopftüchern und Kitteln angestellt. In meinem Sechsbettzimmer jammer-

ten zwei kleine polnische Kinder mit Blinddarmoperationen, eine alte Oma mit Rückenbeschwerden, eine Arbeitsmaid aus meinem Lager, ein Bett war leer. Eine Unterhaltung in Deutsch war nur mit der Kameradin, dem Chefarzt und den beiden Schwestern möglich. Das übrige Personal verhielt sich zu uns sehr distanziert.
Meine Behandlung bestand aus Bädern in einer lilablauen Flüssigkeit und fieberdrückenden Tabletten. Es war stinklangweilig, wir hatten kein Lesematerial und keine Kontakte mit anderen Patienten. Das Fieber verschwand, die Wunden schlossen sich mit einer rohen rotblauen, durchsichtigen Haut. Das sah nicht besonders gut aus. Nach drei Wochen Behandlung bekam ich den ersten Ausgang. Endlich frische Luft atmen, Menschen und Straßen sehen.
Ich mußte ein Glückspilz sein, eine Menge Leute waren unterwegs und viele Soldatentrupps, die in Richtung Marktplatz strebten. Da scheint ein Jahrmarkt stattzufinden, und ich ließ mich in meiner Arbeitsdienstuniform mitziehen. Die Straße öffnete sich zum typischen geräumigen Marktplatz, auf dem ein großes Podest aufgebaut war. Jetzt erst bemerkte ich, daß die Männer, Frauen und Kinder gar nicht fröhlich waren, daß bewaffnete Soldaten den Platz umstellt hatten, andere die Bevölkerung in diesen Kessel trieben. Die Holzplattform war ja für zwei Galgen errichtet! Mein Gott, nur fort von hier. Ein Raunen ging durch die Menge, zwei Polen mit verbundenen Augen wurden unter die Galgen gestoßen, die Stricke um ihren Hals gelegt. Ich drängte in panischer Angst zurück in die Straße, als auf dem Podest zwei Männerstimmen laut sangen: »Noch ist Polen nicht verloren.« Ich erkannte das Lied an der Melodie, die plötzlich gurgelnd abbrach, hetzte ins Krankenhaus zurück und erzählte unter Tränen das Erlebte dem Arzt. Der schlug die Hände über dem Kopf zusammen: »Mädchen, kannst du ermessen, in welcher Gefahr du geschwebt hast, und das noch in Uniform? Ab jetzt

darfst du nicht ausgehen, es wird Unruhen und Gewalt geben.«
Diese verdammte Uniform, wie ich sie haßte. Die Privatkleider hingen bis zum Ende der Dienstzeit in der Kleiderkammer des Lagers. Die Möglichkeit einer richtigen Heilung war an ihrem Endpunkt angelangt. Man gab mir zwei Wochen Heimaturlaub. Vielleicht konnte in Königsberg weitergeholfen werden.

Kleines Intermezzo Königsberg

Die Wiedersehensfreude zu Hause war riesengroß. Vater hatte zum Empfang, mitten im Winter, einen Strauß weißen Flieder besorgt, Mutter einen Kuchen gebacken. Nur Bruder Gerhard fehlte uns sehr. Wieder im gepflegten Haushalt zu wohnen! Keine Flöhe und Läuse, kein spukkender Großvater, keine Rüben rausklauben müssen, verwöhnt und geliebt zu werden – wie lange hatte ich das entbehrt. Jetzt erst, in der Geborgenheit, wurde mir die Härte der Trennung voll bewußt. Mit siebzehndreiviertel Jahren war man doch noch ein halbes Kind.
Der erste Gang war, wie überall, zur Meldestelle: Ausweise, Marschbefehle, Lebensmittelmarken, Krankenhausbescheinigung . . . Man wurde fremdbestimmt. Eine neue Behandlung mit besseren Salben und Medikamenten begann. Es bildete sich allmählich richtige Haut auf den Wunden. Die erhöhte Temperatur machte mich noch für vier Wochen dienstuntauglich.
Es war ein seltsam unwirklicher Zustand in Königsberg. Zuhause empfand ich mich jetzt als Gast. Ich fühlte mich wie auf einem Verschiebebahnhof, von einer Institution zur anderen verladen. Keine Schulfreundin, mit der ich hätte sprechen und irgend etwas unternehmen können. Ich wartete auf den nächsten Tag, wußte aber nicht worauf?
Der erneute Abschied vom Elternhaus und von Königs-

berg war gekommen. Die Trennung fiel jedes Mal schwerer, aber der Zug ratterte unaufhaltsam zurück in Richtung Serock.

Osterspaziergang

»Vom Eise befreit sind Strom und Bäche
durch des Frühlings holden, belebenden Blick ...«
(Goethe, »Faust« I)

Die Weidenkätzchen kündeten vom zaghaften Frühling. Alle atmeten auf. Das Wasserholen, das kalte Waschhaus, der lauwarme Kanonenofen verloren ihre Schrecken. Unten, auf den Flüssen, krachte das aufbrechende Eis. Scheuern und Schaben der Schollen über dem gurgelnden Wasser war Musik in unseren Ohren. Beim Weidengebüsch am Ufer blühten schüchtern die ersten Leberblümchen.

Wie auf Goethes Spuren wanderten wir am Ostersonntag »aus niedriger Häuser dumpfen Gemächern ...« auf das hohe Deichufer des Bug zum Schloß des Fürsten Radziwill. Nicht alle Maiden kamen mit, manche wollten schlafen oder lesen, vielleicht auch Briefe schreiben. Wir alberten herum, ruhten uns im warmen Sonnenschein auf lauschigen Plätzen aus, sangen und waren richtig übermütig und fröhlich.

Verwunschen lag das Schloß vor uns, in einem leicht verwilderten Park mit alten Bäumen und großen Rasenflächen. Von der Fensterfront des Gebäudes ging der Blick über Terrassen und Rosengärten, den rauschenden Fluß im Tal bis in die weite Ebene des Landes, das sich mit dem ersten sprießenden Grün schmückte.

Spontan entstand der Wunsch, das unbewohnte Schloß zu besichtigen. In einem kleinen Nebengebäude wohnte nur noch der Hausdiener, der nach langem Palaver mit unserer Lagerführerin aufschloß und eine kleine Führung

machte. Die Radziwills waren auf die Güter ihrer Verwandten ins Ausland geflüchtet. Ein Geheimgang führte von der Küche durch den Keller unterirdisch bis zum Flußufer. Das Gerücht, daß hier ein Treffpunkt polnischer Widerstandskämpfer wäre, schien nicht aus der Luft gegriffen, denn die Zigarettenstummel auf dem Fußboden sahen frisch aus.
Das Inventar des Schlosses war ausgelagert, doch der Spiegelsaal mit seinen goldenen Rokokogirlanden, den Konsolen und Wandleuchtern war für uns ein Märchen aus Tausendundeiner Nacht. Wir spiegelten uns sechs- bis achtfach in einer vorgetäuschten Tiefe.
Auf dem Nachhauseweg beschloß die Lagerführerin, mit mir noch einmal per Rad hierher zu fahren, um für unser Lager ein paar Rosenstöcke zu holen.
Nach drei Wochen machte sie diesen Vorsatz wahr. Hauptgrund waren aber nicht die Rosen, sondern ihre Verabredung mit einem Offizier des nächsten Lazaretts. Hoch zu Pferde kam er zum Rendezvous. Eine kaum glaubhafte Dornröschen-Idylle. Ich genoß zwei Stunden Mittagsschlaf auf den warmen, bemoosten Terrassenplatten. Dann gruben wir beide nur je zwei Rosenstöcke aus, um später dieses Blumenunternehmen wiederholen zu können.

Stellvertretender Küchenchef

Der Arbeitsrhythmus des Lagers war genau festgelegt: vier Wochen Landarbeit bei schwierigen Bauern mit wenig Deutschkenntnissen, vier Wochen in »gepflegter« Landwirtschaft, vier Wochen Innendienst, vier Wochen Rübenernte usw. usw.
Beim Innendienst kam ich in die Küche, zu einer von allen Maiden ungeliebten Arbeit. Die Hauswirtschaftsführerin verteilte die Aufgaben vom Herdheizen, Kartoffelschälen und Abwaschdienst bis zur Kocherei. Ich, die außer Schul-

kochen nie Speisen zubereitet hatte, wurde Hilfsköchin. Eine undankbare Aufgabe. In dem schweren Kessel die riesigen Suppenmengen nicht anbrennen zu lassen oder zu versalzen, mißlang vielen. Das Gezeter der Kameradinnen, die bei den Mahlzeiten schon von weitem die angebrannte Milchsuppe rochen oder das verbrutzelte Fleisch anklagend auf ihren Gabeln in die Luft hielten, war gefürchtet. Aber, o Wunder, ich fand Spaß an der Arbeit, als meine ersten, schön aufgegangenen Hefeklöße mit nicht angebrannter Vanillesoße das Lob der Maiden bekam. Ich hatte Gespür für das Würzen, mit Einfallsreichtum streckte ich die Marmelade und konnte sie optisch reichlicher erscheinen lassen. Die Buttermilchsuppe wurde durch kräftiges Rühren vor dem Gerinnen bewahrt.
Die Küchenchefin hatte sich meine Kochkünste wohl so vorgestellt und eröffnete mir, daß sie jetzt ihre drei Wochen Urlaub nähme und ich ihre Küchenvertretung wäre. Meine Begeisterung hielt sich in Grenzen, aber geradezu abgeneigt war ich auch nicht. Später geisterte der Wunsch durchs Lager, daß ich die Küchenführung übernehmen möge. Es sollte kein Zurück mehr zu den vorher angebrannten und versalzenen Speisen geben. Meine Arbeitsdienstzeit hätte sich dadurch unnötig verlängert, und das war nicht in meinem Sinne.
Am 1. 3. 1944 begannen die Einteilungen zu den einzelnen Kriegsdienstsparten. Der größte Teil kam in Fabriken, einige in den Krankenhilfsdienst, und zwei von uns, eine davon war ich, wurden als Hilfslehrerinnen in Schnellkursen ausgebildet.
Mein nächster Einsatzort war eine einklassige Dorfschule im Kreis Ziechenau.

Meine kleine Dorfschule

In der Nähe von Tannenberg, dessen Denkmal ich kurz besichtigen konnte, nahm ich an einem Volksschullehrerseminar teil. Erstaunlich, daß aus mir in ganz kurzer Zeit eine perfekte Pädagogin werden sollte. Unterrichtspraktiken und Psychologie machten die meiste Stundenzahl aus. Wichtig waren Sport, politische Bildung, Gesang und »alles, was hart macht«. Wie der Stundenplan einer achtklassigen Dorfschule zu gestalten war, blieb einem selbst überlassen. Vierzig Kinder im Alter von sechs bis vierzehn Jahren unter einen Hut zu bringen, erforderte die Kunst erfahrener Lehrer. Nicht einmal achtzehn Jahre alt, ging ich mit Schwung und ohne Hemmungen an die neue Aufgabe heran.

Meine Geige unterm Arm, einen kleinen Koffer in der Hand, stieg ich im April 1944 im Landkreis Ziechenau auf dem Bahnhaltepunkt eines kleinen Ortes aus. Eine einzelne junge Frau lehnte am Pfosten des offenen Regenunterstandes, in einer staubigen, baumlosen Landschaft. Es war die Lehrerin, die ich ablösen mußte. Sie hatte ihr Probejahr nach dem I. Staatsexamen beendet und sollte mich vierzehn Tage lang in die komplizierte Unterrichtstechnik dieser Schule mit achtunddreißig Kindern in acht verschiedenen Jahrgangsklassen einführen.

Beim Fußmarsch von der Station zu der kleinen Ansiedlung von Kirche, Schule und einigen Gehöften zeigte sie mir hier und da in der Ferne einzelne Einödbauern, deren Kinder mindestens eine dreiviertel bis zu einer Stunde zum Unterricht zu gehen hatten. Wir durchquerten das einzige kleine Waldstück in weiter Runde. Sie warnte mich, es alleine zu durchwandern, und bei Dunkelheit sollte ich es auch nicht in Gesellschaft tun. Immer wieder gab es hier Überfälle mit tödlichem Ausgang.

Dann tauchte am Horizont unser Dorfkirchturm auf, der einzige in der Gegend. Er war ihr Wegweiser, um sich in der weiten Ebene zurechtzufinden, und wurde mir ebenfalls treuer Wächter und Helfer bei meinen späteren Elternvisiten, wenn ich mutterseelenallein von den verstreuten Gehöften ohne Orts- und Straßenschilder heimwärts ging.

Die Schule, mit hohem Maschendraht eingezäunt, stand neben der von Bäumen umgebenen Kirche auf einem begrünten Platz. Durch einen kleinen Vorgarten gingen wir, am Toilettenhaus vorbei, über den Schulhof in das Gebäude. Es hatte zwei Klassenzimmer, eine kleine Lehrerwohnung mit Küche, Wohn-Schlafzimmer, in dem die jetzige Lehrerin lebte. Hier sollte ich später einziehen.

Wir machten einen Besuch bei dem einzigen deutschen Nachbarbauern, der uns bei Problemen helfen und die Mittagsmahlzeit liefern sollte. Einen Kaufmann gab es nicht, und zur Bahnstation einkaufen konnte man nicht alleine gehen.

Mein erstes Quartier im Dorf hatte der Schulrat des Bezirkes beim polnischen Popen bestellt. Er mußte schon lange nicht mehr zur Visite gekommen sein, denn sonst hätte er erfahren, daß der Pope wegen angeblicher Kollaboration mit den Deutschen von Fanatikern überfallen, geschlagen und mehrere Tage im Keller gefangen gehalten worden war.

In dem ehemaligen Wohnzimmer meiner vorübergehenden Bleibe stand neben dem Flügel zwar ein Bett, aber kein Schrank und nur ein wackliger Tisch mit Stuhl. An der Tür fehlte der Drücker, das Türschloß war rausgebrochen und der Rahmen zersplittert. Der Pope und seine Haushälterin waren ängstlich und sprachen kein Wort Deutsch. Sie fürchteten sich, durch meine Anwesenheit noch größerer Gefahr ausgesetzt zu sein. An mich dachte bei dieser Zumutung niemand.

Wenn das meine Eltern sehen würden, sie hätten keine ruhige Minute gehabt.
Ohne Vorhänge an den Fenstern, vor denen die Dorfstraße vorbeiführte, konnte ich mich erst in der Dunkelheit ausziehen und zu Bett gehen. Das Waschen in der Blechschüssel auf dem Flügel war ein Unding! Nachdenklich sah ich hinaus, wie die Menschen von der Feldarbeit heimkehrten. Eigenartig, obgleich ich hier noch gar nicht bekannt war, zog jeder Bauer die Mütze und verneigte sich vor mir. Ich grüßte wieder, was sie aber ignorierten. Mehrere Tage ging das so. Mir war es hier, bei der miserablen Situation, nicht behaglich.
Ich lernte allmählich die ganze Schulproblematik kennen. Die Hauptschwierigkeit, mit der wir zu kämpfen hatten, war der unregelmäßige Schulbesuch der Kinder. Die meisten hatten kilometerweite Anmarschwege. Fegte im Winter der eisige Schneesturm über das steppenähnliche Land, behielten die Eltern ihre Kinder zu Hause. Während der Regenzeit verwandelten sich die Wege in schlammigen Morast und waren unpassierbar. Im Sommer und Herbst mußten die Kinder auf den Feldern bei der Ernte helfen. Hinzu kamen der unerbetene Schulzwang und die mangelnden Deutschkenntnisse. Wie sollten wir gegen diese alten Traditionen ankämpfen?
Die Beschäftigung aller Kinder während des Unterrichts war schwierig und erforderte viel Wissen und Wendigkeit. Lehrte ich in zwei oberen Klassen Rechnen, mußte ich mindestens zwei bis drei jüngere Jahrgänge mit verschiedenen Aufgaben schriftlich beschäftigen. Eine andere Gruppe mußte derweil still im Deutschbuch lesen, und die ABC-Schützen schickte ich mit einer guten Schülerin der Abgangsklasse in den leeren Schulraum zum Fibelbuchstabieren. Meistens waren es drei oder vier Schüler, die kaum Deutsch sprachen. Erdkunde und Biologie konnte man manchmal allen Gruppen gemeinsam anbieten.

Aber das Wechseln von stillem und lautem Unterricht mußte durchschnittlich alle 15 Minuten erfolgen, damit die Aufmerksamkeit nicht nachließ. Ohne Unterrichtsmaterial und Arbeitsfundus kam es vor, daß mir nach 20 Minuten für irgendeine Gruppe der Stoff ausging. Da nützte es gar nichts, kirchliche Nothelfer anzurufen, die Rettung waren: Sport, Musik oder der Schulgarten. Für alle drei Fächer herrschte große Begeisterung. Bei schönem Wetter stürmte ich mit meinen Schülern auf den sandigen, großräumigen Schulhof zu Ballspielen, Weitsprung, Tauziehen und kleinen Wettkämpfen. Nie waren die Kinder bei aller Ausgelassenheit unverschämt oder anmaßend, eine gewisse Distanz und die lenkende Hand wußten sie zu schätzen und zu respektieren.
Das erkannte auch der Schulrat, der zur Entlassung der bisherigen Lehrerin angereist kam und von mir eine Lehrprobe abnahm. Ich wählte mein Lieblingsfach Erdkunde mit dem Kapitel: »Die Oder und ihre Landschaft«. Das Thema betraf ja auch die weitere Umgebung des Heimatdorfes der Kinder. Dann erbaten sie sich Musik. Da ging alles ganz leicht. Wir sangen und spielten mit verteilten Rollen: »Ein Vogel wollte Hochzeit machen . . .« Mit den Kindern hatte ich das schon einmal geprobt, und sie wußten, daß ich sie auf der Geige begleiten würde. In ihrer Abgeschiedenheit war ihnen das Instrument neu, und sie sangen mit Feuereifer.
Der Schulrat notierte sich, daß er mich aus dem Schuldienst nicht mehr entlassen würde, ich wäre pädagogisch außergewöhnlich begabt. So einfach war das alles. Ich aber hatte meine eigenen und andere Pläne. Der schulische Teil war beendet, und ich führte den Schulrat in mein Quartier. Ihm verschlug es den Atem, das hatte er nicht erwartet: In einem bereits überfallenen Haus, ohne Türschloß. Er bekam das Wadenzittern, so durfte er mit den ihm Anvertrauten nicht umgehen. Innerhalb von zwei

Stunden war der Dorfschmied zur Stelle, der für die letzten Tage, bis zum Umzug in die Schule, einen Eisenbeschlag wie für eine Ritterburg mit einem gewaltigen Vorhängeschloß anbrachte.

Indes war mir auch ein »richtiges Kirchenlicht« über die seltsamen Grüße der Bauern in den Abendstunden vor meinem Fenster aufgegangen. Am Gartenzaun war hinter einem Busch, von mir nicht sichtbar, ein Wegmarterl »Der Heiland am Kruzifix« aufgestellt. Dem »Herrn« galt der Gruß, nicht mir. Es gab eben auch harmlose Erklärungen für »übersinnlich« scheinende Dinge.

Ab jetzt war ich Schulleiterin, Lehrerin und Kameradin in einem. Meine Visiten zu den Eltern im großen Schulsprengel machte ich wegen der Entfernungen nur an Sonnentagen. Ich wählte mir irgendeine Richtung aus und ging so lange, bis ich auf ein paar Gehöfte traf. In einer der Familien befand sich ganz bestimmt ein Schulkind von mir. Manch ein Bauer blieb versteinert, wenn ich die Wichtigkeit des Unterrichts auch während der Erntezeit betonte. Aber da ich großzügige Kompromisse anbot, mit Biertischreden wie »Halbe/Halbe«, und da sie wußten, daß ich Strafantrag stellen könnte, hatte ich wenigstens zweimal, vielleicht auch dreimal in der Woche die Kinder in der Schule. Mit den Müttern konnte ich sehr gut umgehen. Fehlte die sprachliche Verständigung, machten meine Schüler stolz den Dolmetscher, wenn ich Küchenrezepte bewunderte oder eine Handarbeit. Es waren Kleinigkeiten, die das Zutrauen erweckten und, nicht zu vergessen, auch Mütterlichkeit mir gegenüber. So jung und schon Fräulein Lehrerin!! Die Kinder müssen auch gerne zu mir in die Schule gekommen sein, das klang immer wieder durch, weil ich neben der ernsten Arbeit ausgelassen und fröhlich sein konnte, ohne den erhobenen Zeigefinger meiner Vorgängerin. Um die Melkzeit, ich richtete mich allmählich nach der bäuerlichen Arbeitsuhr, trat ich den

Heimweg an. Ich suchte am Horizont nach allen Seiten den Himmel ab, und irgendwo fand ich die Kompaßnadel, »meine Kirchturmspitze«. Oft ging ich quer über Wiesen und Felder, hörte das Trällern aufgescheuchter Lerchen, die flatternd in den Himmel stiegen. Nie verlief ich mich, und ein Schutzengel muß segnend die Hand über mich gehalten haben, daß mir bei den einsamen Wegen kein Unglück zustieß.

Ich fühlte mich aber doch sehr verlassen, von der mir vertrauten Welt vollkommen abgeschlossen. Die Briefverbindung war kläglich. Die Abende und Nächte ganz alleine in der Schule machten mir angst. Zwar waren die Türen abschließbar, aber die Fenster mit den wackligen kleinen Krampen konnte man leicht aufstoßen. Am Tag zuvor war ein Streifenpolizist im Wäldchen ermordet worden. Deshalb ging ich um sieben Uhr ins Bett, solange das Milchkannenklappern und das Schlorren der Holzpantinen auf dem Nachbarhof zu hören waren. Bloß schnell einschlafen, damit ich nicht in der Dämmerung einen Strauch oder Pfahl für einen Eindringling hielt. Wer sollte mich hören, wenn ich schrie? Die weit entfernte Polizei war hier wieder mit Stacheldrahtverhau umgeben. Ich war ganz alleine auf mich gestellt. Am Morgen, wenn die Kinder eintrafen, verflogen die Schreckgespenster der Nacht, und im Schulgarten arbeitend und erntend, freuten wir uns an dem gut gewachsenen Gemüse und den schönen Blumen. Wir knabberten an den saftigen Möhren und Radieschen. Butterweiche Kohlrabi und Erbsenschoten im Überfluß. Ich, die ich keine Ahnung von der Landwirtschaft hatte, konnte von den Kindern lernen. Das sagte ich ihnen, und voller Eifer erklärten sie mir jedes Insekt, die Schädlinge wie die Guten, Bodenkäfer und Regenwürmer. Sie lehrten mich, Unkrautkeimlinge von Gemüsesprossen zu unterscheiden. Es war ein Geben und Nehmen, was uns allmählich verband und die Vorbehalte auflöste.

Unsere Dorfkirche war der sonntägliche Treffpunkt der deutsch-polnischen Bauern. Während der Pope in der Kirche den ersten Gottesdienst abhielt, standen diejenigen, die keinen Platz mehr bekamen, in ihrer festlichen Sonntagskleidung draußen und hatten sich viel zu erzählen. Vom ersten Glockenklang um sieben Uhr früh bis zum Mittagsläuten fanden mehrere Messen statt, manchmal auch noch Taufe und Abendmahl. Die Frauen hielten sich von den Männern entfernt und schütteten gegenseitig ihr Herz aus. Die jungen Mädchen und Burschen machten erste Bekanntschaften, die Kinder spielten, und die Männer besprachen ihre Probleme der Ernte, des Pferdemangels infolge Requirierung durch die Wehrmacht, der Gespanndienste beim Wege- und Straßenbau. Sie fluchten über die verdammten Deutschen, die sie verpflichteten, Jungbäume an den Chausseen zu pflanzen und täglich mit ihren wassergefüllten Jauchewagen zu bewässern.
So friedlich das Bild schien, täuschte es doch. Das sogenannte Deutschtum war oft eine Zweck-Option. Die meisten dachten und sprachen Polnisch. Ressentiments schwelten unter der Oberfläche, besonders bei den polnischen Patrioten. Ihre Kinder schickten viele nur gezwungenermaßen zur Schule. Ihr Gruß kam selten spontan oder gar herzlich.
Der Postbote brachte ein Päckchen aus Königsberg und zwei Feldpostbriefe. Endlich wieder eine Nachricht von zu Hause. Es war ein Geburtstagspäckchen. Ich hatte den 13. Juni vollkommen vergessen. Hier gab's keine Zeitung, keinen Rundfunk. Nur der Nachbarbauer erzählte, daß »der planmäßige Rückzug« der deutschen Wehrmacht sich unserer Gegend bedenklich genähert habe.
Meine Eltern in Königsberg mußten auch unruhig geworden sein. Vater hatte sich ein paar Tage vom Sanitätsdienst beurlauben lassen und unternahm den riskanten Versuch, mich unter umständlicher Fahrerei zu besuchen. Vater

fuhr immer nur ein kurzes Stück, stieg aus, löste eine neue Fahrkarte für eine weitere kurze Strecke, bis er in mehreren Etappen bei mir eintraf. Er war fassungslos, meine Schule in derart einsamem polnischen Gebiet zu finden. Gegen Abend setzte in der Ferne wieder das Geschützgrollen ein und dazwischen, kaum hörbar, Maschinengewehrfeuer. Er hatte nicht gedacht, daß die Front schon so nah war. Sein einziges Töchterlein, umgeben von tödlicher Gefahr.

Ohne Bescheinigung durfte ich die Schule nicht verlassen und ohne Reiseerlaubnis in keinen Zug steigen. Vater nahm am nächsten Tag mein Gepäck mit, die wertvolle »Klotz«-Geige und schlug sich in Kurzetappen nach Königsberg durch. Da ich seit meiner Kindheit an Halsentzündung und vergrößerten Mandeln litt, bat er seinen befreundeten Arzt, die Notwendigkeit einer sofortigen Halsoperation zu attestieren. Die Dienststelle in Ziechenau zögerte mit der Fahrtausweisbewilligung, ich sollte dort ins Ortskrankenhaus gehen. Aber nach vielen Bitten ließen sie mich reisen.

Da ich kein Gepäck bei mir hatte, schöpften die Wehrmachtkontrollen keinen Verdacht, daß ich flüchtig sein könnte.

Die Mandeloperation sollte am 24.8.1944 in der nach Cranz ausgelagerten Klinik des befreundeten Arztes erfolgen.

Die Familienbande brechen auseinander

Vaters Prophezeiung, der Krieg würde »in spätestens zwei Jahren zu Ende sein«, hatte sich nicht bewahrheitet, auch

nicht, »Gerhard wird kein Soldat werden müssen«. 1942 wurde Gerhard zum Arbeitsdienst eingezogen. An meiner Konfirmation, dem letzten großen gemeinsamen Familienfest, konnte er im März noch teilnehmen. Horst war dabei, der mir eine selbstgemachte schöne Bernsteinkette schenkte, Tante Lotte mit Lothar und Botho und meine Schulfreundin mit ihren Eltern.
Zu Weihnachten 1942 bekam Gerhard Heimaturlaub, und wir vier zusammen begingen noch einmal ein stilles, besinnliches Fest. Die Freude, der Glanz der früheren Jahre machten immer mehr einer Bedrückung Platz. Lebensmittelknappheit, Brennstoffzuteilung, Kleiderkarten, Verdunklung, Erlasse, Verbote, die gefallenen Väter und Söhne, Opfer der Luftangriffe und die bevorstehende Trennung drückten auf die Stimmung, wir waren ernst und traurig.
1943 wurde Gerhard zur Wehrmacht eingezogen und kam an die Ostfront. Nach kurzer Zeit erhielten wir die Nachricht von seiner Verwundung durch einen Granatsplitter an der Lunge.
Als er zur Heilung in ein Lazarett bei Leipzig verlegt wurde, erwirkte Mutter unter großen Schwierigkeiten die Erlaubnis, ihn dort besuchen zu dürfen. Zugfahrten über 50 km wurden nicht mehr genehmigt – »Räder müssen rollen für den Sieg« –, wer unerlaubt fuhr, wurde schwer bestraft.
Ich erhielt keine Bescheinigung und konnte ihn nicht sehen. Wir dachten, er würde nach seiner Genesung einen Heimaturlaub bekommen, und warteten sehnlichst auf ihn.
Er kam nicht, vom Lazarett ging es sofort in neue Kampfgebiete.

Die Todesnachricht

Mutter und ich befanden uns alleine zu Hause. Erst vor wenigen Tagen war ich, aus meiner Dorfschule kommend, in Königsberg eingetroffen und wartete auf meine Halsoperation am 24.8.1944 in Cranz.

Mutter hatte das Geschäft abgeschlossen, und Vater war zu einem Pelzkollegen gegangen. Ich kam mir so entsetzlich verloren vor. Keine Schulfreundin in der Stadt, alle waren sie im Einsatz. Lothar, Gerhard und Horst kämpften an den Fronten. Wir zwei Frauen waren bedrückt und wollten uns gegenseitig eine Freude bereiten. Mutter spendierte mir etwas Milch und Zucker zum Sahnebonbonkochen. Ich hatte aus Ziechenau ein Tee-Tongeschirr mitgebracht, das für ihren Geburtstag gedacht war. Ich holte die Teekanne aus dem Versteck und schenkte sie ihr. Da klingelte es an der Wohnungstür, ein SA-Mann stand davor.

Er begann feierlich um Eintritt zu bitten, was uns sofort ängstlich machte. In unserem Wohnzimmer war der Volksempfänger an, weil wir die Nachrichten hören wollten. Der Parteimann bat, ihn abzustellen. Dann überreichte er Mutter die Todesnachricht von Gerhard. Mit hohlen Phrasen von Heldentod und Vaterlandsliebe kondolierte er uns. Der Kompagnieschef schrieb: »Ihr Sohn Gerhard wurde von einer Granate, die in seinen Bauch drang, getötet.«

In einem versiegelten Umschlag lag der Siegelring unserer Familie und Gerhards blutdurchtränktes Postsparbuch.

Im Felde am 4. VIII. 44

Meine Lieben!

Gestern wurden wir ausgeladen und waren heilfroh, als die Fahrt hinter uns lag, denn wir wurden von russischen Flug-

zeugen angegriffen und hatten dabei gleich die ersten Ausfälle. Darunter auch einen Toten.
Daß uns bei der Weiterfahrt nicht gerade wohl zu Mute war, könnt Ihr Euch denken. Zum Glück erreichten wir ohne jede weiteren Zwischenfälle unseren Bestimmungsort.
Noch am selben Abend fuhren wir mit Rädern zu unserem Einsatzort, an dem wir heute früh um 5 Uhr ankamen.
Wir haben eine prima Aufgabe und sind meistens nur einige Tage in direktem Einsatz. Auf jeden Fall leben wir hier ruhiger, als in der Stellung.
Nun meine Lieben werde ich schließen, da wir die ganze Nacht durchgestrampelt und recht müde sind.

Die herzlichsten Grüße sendet Euch,
meine Lieben, sowie Peter
Euer Gerhard

Am nächsten Tag ist Gerhard gefallen!
Alles war so entsetzlich, grausam und sinnlos geworden. Wie Tiere in einem zu engen Käfig stießen sich unsere Seelen wund. Fassungslos liefen wir zu der Wohnung von Vaters Kollegen, der uns sofort ansah, daß etwas Furchtbares geschehen sein mußte. Wir konnten vor Schluchzen kein Wort herausbringen, und Vater wußte, Gerhard war gefallen.
Mein Gott, wie konnten wir da noch weiterleben!
Die beiden letzten Briefe von der Ostfront vom 1.8.1944 und der vom 4.8.1944, einen Tag vor seinem Tod an uns geschrieben, strahlten bei allen Gefahren seinen alten liebenswerten Optimismus aus.
Wir erhielten sie viel später, als Gerhard schon längst in Wirballen auf dem Heldenfriedhof begraben worden war.

Bomben auf Königsberg

Cranz, ein Ort, der Träume von weißem Sand, vom Baden in der Ostsee, wilder Brandung und heißem Sonnenschein hervorzaubert, empfing mich als Patientin der Hals-Nasen-Ohrenklinik zur Mandeloperation. Richtige Angst davor hatte ich nicht, nur ein bißchen Kribbeln in der Magengegend.

Vor dem Schlafengehen machte ich einen kleinen Spaziergang auf dem Seesteg, sah den blutroten Sonnenball ins Meer tauchen, genoß die würzige Seeluft.

Die Operation, mit örtlicher Betäubung, verlief am 24.8.1944 sehr gut. Unangenehm waren nur die Spritzeneinstiche in den hinteren Halsraum und das Unterdrücken der Würgereflexe. Vier Tage feste Bettruhe und die Benutzung der Bettpfanne verordnete der Arzt, außerdem leckere Eisportionen und Sprechverbot. Mit einem guten Buch im hellen Zweibettzimmer konnte ich wundervoll leben.

Nach zwei Tagen ließen die unangenehmen Beschwerden nach, so daß ich abends in tiefen, erholsamen Schlaf sank. Scharfes knatterndes Ballern naher Flakgeschütze riß mich hoch. Die Sirenen heulten, und ein unheimliches Brummen erfüllte die Luft. Der Nachthimmel erhellte sich mit grüngelbem gespenstischen Licht der von englischen Flugzeugen abgeworfenen »Tannenbäume«. Wir lagen in einem Sommerhaus, ohne Kellerschutzräume. Aufstehen durfte ich nicht. Meine Zimmergenossin beobachtete, im Nachthemd am Fenster stehend, wie unzählige Bomber über Königsberg ihre todbringende Last abwarfen. Pulk für Pulk flogen die Flugzeuge in einer langgezogenen Schleife vom Meer her über die Küste zur Stadt. Zuerst hörten wir viele Detonationen. Das waren Luftminen und Sprengbomben. Danach loderten riesige Feuer auf. Die zweiten und dritten Wellen der feindlichen Flugzeuge hat-

ten Phosphor- und Brandbomben abgeworfen. Der Weltuntergang schien eingeläutet. Nach zwei Stunden infernalischen Lärms Totenstille, und der weite Himmel brannte lichterloh.
Die Telefonverbindung nach Hause kam nicht zustande. Die friedliche Nacht hatte sich in ein gefräßiges Ungeheuer verwandelt. War die Stadt ausgelöscht? Die Nachrichten und Gerüchte am nächsten Morgen übertrafen alle Gemälde und Bibelvisionen von Höllensturz und Verdammnis beim Jüngsten Gericht. Halb Königsberg war ein brennender Trümmerhaufen mit Leichenbergen, Verschütteten und Verletzten. Menschen, wie Kindermumien von der Hitze zusammengeschmort, im aufgeweichten Asphalt steckengebliebene verkohlte Opfer. Ein hoffnungsloser Kampf der Feuerwehren, auch aus der Umgebung, ausreichend Hilfe zu bringen.
Die Angst um meine Eltern und meine Hilflosigkeit zwei Tage nach der Operation waren schier unerträglich. Endlich erhielt ich am Nachmittag ihren Anruf. Sie hatten überlebt, Haus und Geschäft waren unversehrt, doch die gesamte Südstadt bis zum Pregel war zerstört. Vater war zum Glück nicht in seiner Sanitätsstelle gewesen, er lag mit 40 Grad Fieber und einer Lungenentzündung zu Hause im Bett.
Ich konnte allmählich etwas Brei essen, das Schlucken ging immer besser. Wir schrieben den 29. August 1944. Fast gleichzeitig heulten nachts die Sirenen auf, setzte das Abwehrfeuer der leichten und schweren Flak ein und der Krach von Explosionen. Die englischen Flugzeuge flogen mit ihrer Bombenfracht zur endgültigen Vernichtung von Königsberg.
Am Morgen hielt es mich, trotz Aufstehverbot, nicht mehr im Bett. Ich mußte nach meinen Eltern sehen und sie, wenn sie verschüttet wären, ausgraben. Auf dem kleinen Cranzer Bahnhof wimmelte es von Menschen. Sie kamen

verrußt, angesengt, mit Notverbänden aus ihren zerstörten Wohnungen, aus Bunkern und Kellern. Mein Gott, laß meine Eltern leben!!
Der erste Zug in die Stadt war überfüllt, und ich wartete auf die nächste Fahrgelegenheit, zwischen den Ankommenden nach Mutter und Vater suchend. Wieder stiegen neue Menschenmassen aus den überfüllten Waggons. Plötzlich sah ich eine mir bekannt vorkommende braunkarierte, angebrannte und löchrige Decke, in die eine mit Mörtelstaub verdreckte alte Frau gehüllt war, daneben einen unsrasierten grauhaarigen, wackeligen alten Mann. Ich schrie, vor Freude und Entsetzen zugleich, auf. Ich hielt Vater und Mutter fest umschlungen. Sie lebten, waren aber über Nacht grau und alt geworden. Sie konnten sich kaum auf den Beinen halten. Vater hatte hohes Fieber.
Beide hatten sich, mit den Überlebenden aus den zerbombten Häusern, an den Pregel gerettet. Der Feuersturm verbrauchte den Sauerstoff der Luft, viele erstickten. Meine Eltern, im Rinnstein am Pregel liegend, erhielten etwas Luft, die der Fluß heranbrachte, auf dem brennende Schiffe trieben. Ein junges Mädchen war von der Kaimauer ins Wasser gesprungen und reichte immer wieder einen mit Wasser gefüllten Eimer zu den am Ufer liegenden hinauf, die sich damit übergossen, um nicht aufzuflammen. Nicht zu beschreiben die Gefühle der Eltern, die Flammen aus ihrer Wohnung schlagen zu sehen und zu ahnen, daß auch ihr Geschäft in der Altstadt nicht mehr existierte, was sich bestätigte. Alles gemeinsam schwer erarbeitete Hab und Gut zerstört, der Sohn gefallen und das Kriegsende mit dem ungewissen eigenen Schicksal vor sich.
Die Klinik mußte die Ausgebombten vorübergehend aufnehmen. Meine Eltern konnten baden, sich sauber anziehen und sahen am anderen Tag nicht mehr ganz so verfallen aus. Während Mutter im kleinen Krankenzimmer zurückblieb, fuhren Vater und ich in die Stadt, um uns

Fliegergeschädigtenausweise und andere Papiere zu holen, die Trümmer nach eventuellen Überbleibseln zu inspizieren und eine Dauerunterkunft zu suchen.
Das Ausmaß der Zerstörung war unbeschreiblich. Wir fanden in der Altstadt hinter der Schmiedestraße die kleinen Gassen nicht mehr, kletterten über meterhohe qualmende Trümmerberge, sahen von Vaters Betrieb nur noch einige Stahlträger nackt in die Luft ragen. Die Häuser vom Münchenhof bis zum Neuen Markt waren hohle, ausgebrannte Ruinen. Vom Nordbahnhof her gab es links und rechts des Steindamms und des Fritz-Tschierse-Platzes kein unversehrtes Gebäude. Der stolze Schloßkomplex war eine traurige, leere, wie ein Symbol des Todes wirkende Fassade.
Auf dem einzigen übriggebliebenen Fußbodenbalken unserer Küche in der Melanchthonstraße Nr. 5 stand, ausgeglüht, Mutters Wäschekessel, den sie mit eingeweichten Oberhemden und Leibwäsche vor dem Angriff gefüllt hatte. Das Wasser war verdampft, die obere Wäschelage angekohlt, aber einige Stücke waren noch zu benutzen. Wie wenig braucht der Mensch, um ein kleines Glücksgefühl zu empfinden.
Systematisch hatten die Engländer die Königsberger Innenstadt in zwei Angriffen, mit Tausenden von Toten, ausradiert. Nur die nördliche Vorstadt, das Hufenvillenviertel, war fast unversehrt geblieben. Die Überlebenden versuchte man in ostpreußischen Kleinstädten unterzubringen.
Nach einigen Tagen bekamen wir einen Einweisungsschein in die Einzimmerwohnung im Hofschuppengebäude von Tante Hulda in Friedland. Vater mußte im umgezogenen Lazarett Dienst machen, und ich erhielt nach wenigen Tagen einen Marschbefehl. Diesmal ging's in ein Arbeitsdienstlager in Südostpreußen, bis zum Oktober 1944.

Dem Untergang unaufhaltsam entgegen

Das neue Arbeitsdienstlager lag in einsamer Landschaft. Mit meinem Marschbefehl stand ich an einer kleinen Bahnstation irgendwo in Südostpreußen und wußte nicht, in welche Richtung ich gehen sollte. In meiner schwarzen Trauerkleidung wartete ich auf eine Arbeitsmaid, die mich vielleicht abholen kam. Nichts. Der Bahnhof war wie ausgestorben. Endlich eine Staubwolke in der Ferne, aus der ein Wehrmachtsjeep auftauchte und anhielt. Verwunderung des Offiziers, daß in diese Gegend noch neue dienstverpflichtete Mädchen geschickt wurden. Nun ahnte ich es, auch hier stand der Endkampf bevor. Sie nahmen mich bis ins Lager mit, das zur Häflte mit Frontsoldaten, als kurze Erholungsetappe, belegt war.

Goldfarbene Birken- und rostrote Buchenblätter lagen wie ein buntfarbener Teppich über der fruchtbaren ostpreußischen Landschaft. Aber die ersten Nachtfröste trieben zur Eile bei der Zuckerrübenernte an. Schwere Arbeit wurde uns allen abverlangt. Frauen, Kinder und alte Austragsbauern mußten die Arbeit auf Feldern und Höfen versuchen zu bewältigen. Die Männer standen an der Front, viele waren gefallen, und wir Maiden, fast alles Stadtmenschen, sollten helfen.

Die Rüben hatten tiefreichende Wurzeln, und das Kraut war durch Nachtfröste so gefroren, daß es beim Versuch, es rauszuziehen, meist abriß. Da hieß es, die Wurzeln mit der Grabgabel auszubuddeln. Abends schmerzten uns Rücken und aufgesprungene Hände. Vier Wochen lang half ich auf dem Hof einer schmächtigen, abgearbeiteten Bäuerin mit zwei kleinen Kindern. Ihr Mann war an der Ostfront, sie ohne Nachricht. Die Fremdarbeiter hatte man wegen der Frontnähe abgezogen, und wir beiden Frauen mühten uns, den kleinen Hof zu erhalten und die

Wintervorräte einzubringen. Sie war sehr wortkarg, aber wir beide waren von tiefem Leid geprägt, das uns ganz fest zusammenschloß.

Die Postverbindung nach Königsberg war sehr mangelhaft, das Leben wurde trostlos. Der Briefkontakt zu den Schulfreundinnen ging durch die Kriegswirren verloren. Eines Tages, nach der Feldarbeit ins Lager zurückgekehrt, erhielt ich den Befehl, mit dem Fahrrad ca. 12 km zum Bäker zu fahren und Brote zu holen. Er hatte uns seit drei Tagen nicht mehr beliefert.

Es war stockdunkel. Wegweiser gab es keine. Hungrig und müde mußte ich allein durch unbekanntes Gelände fahren. Nach ca. 4 km sah ich in der Ferne kleine helle Punkte, die sich bewegten und die ich mir nicht erklären konnte. Plötzlich leuchtete mir aus dem schwarzen Straßengraben eine Taschenlampe ins Gesicht. Mir stockte das Herz. Eine Männerstimme rief »Anhalten«, und ich erkannte eine Wehrmachtspatrouille. »Was machen Sie hier, dies ist verbotenes Gelände!« Ich erklärte meinen Auftrag, er erkannte meine Arbeitsdienstkleidung und schüttelte nur den Kopf. »Wissen Sie nicht, daß wir uns hier im Vorfeld, besser gesagt im Rückzugsgebiet der Front befinden?« So weit war es also schon. Er begleitete mich ein Stück durch Panzergräben, die Kriegsgefangene unter deutscher Bewachung quer über die Straße durchs Gelände ausheben mußten. Er notierte sich mein Ziel und wollte, falls ich in etwa zwei Stunden nicht zurückkäme, nach mir suchen lassen. Hier manifestierten sich die unsinnigen Befehle im beginnenden Chaos. Vor lauter Angst fiel ich, durch schnelles Radeln abgekämpft, dem Bäcker fast vor die Füße. Nein, Brote? Er hatte nur noch eins, die Mehllieferungen waren ausgefallen. Seine Frau brachte mir ein heißes Getränk. Sie sahen mich mitleidig an. Vielleicht dachten sie an ihre Kinder, die irgendwo unter unsinnigen Kommandos in dieser Welt des Untergangs umherirrten.

Die Rückfahrt ging leichter, ich hatte keinen Gegenwind, und die Straße führte allmählich bergab. Der Soldat an der Straßensperre war sichtlich erfreut, mich unbeschadet wiederzusehen, denn auch hier gab es Partisanentätigkeit. Im Lager putzte mich die Lagerführerin herunter, als ich mit nur einem Brot erschien. Sie war eine hundertprozentige pflichttreue Gefolgsfrau Adolf Hitlers und glaubte fest an den Endsieg.

Nicht lange konnte sie so irrwitzige Kommandos geben, das Lager wurde als Feldlazarett benötigt. Wieder gab es einen neuen Marschbefehl, ein neues Ziel. Eigentlich war die vorgeschriebene Zeit meiner Dienstverpflichtungen abgelaufen. Danach wurde nicht mehr gefragt. Also ab in den Zug nach Jüterbog bei Berlin, in die Munitionsfabrik als Kriegsdienstverpflichtete.

Die Fabrik und die Unterkunftsbaracken lagen in einem großen Waldstück. Ich kam an das Laufband der schweren Feldhaubitzengranaten. Auf dicken Kokosmatten saßen an zwei Laufbändern meist Frauen, einige wehrdienstuntaugliche Männer und wir Mädchen. Die Granatenteile waren schon zusammengesetzt, und in dieser Halle, in der wegen Sabotagegefahr keine Kriegsgefangenen arbeiten durften, mußten die Zündeinlagen eingelegt und der scharf gemachte Zünder mittels eines Spezialschlüssels festgeklopft werden. Eine hochbrisante Tätigkeit in einer luftigen Holzhalle, so daß bei einer Explosion der Druck sofort entweichen konnte. Erst vor kurzem war eine Halle mit vielen Menschen in die Luft geflogen.

Wir Neuankömmlinge wurden eingewiesen und getestet. Unter anderem mußten wir eine Granatspitze, mit einer kleinen Vertiefung, durch einen einzigen gezielten Hammerschlag festklopfen. Ein Aufseher prüfte Schnelligkeit und Sitz der Spitze und verteilte uns am Fließband. Ich hatte mich, nichts ahnend, durch meine Zielsicherheit und Schnelligkeit, die vielleicht mit meiner Geigerei

zusammenhing, für den Engpaßplatz im Gefahrenbereich III qualifiziert. Schließlich war es jedoch egal, bei wem eine Granate explodierte, das Himmelfahrtskommando galt für alle.
Direkt an den beiden großen Hallenschiebetüren, die gegenüber lagen, fuhren die Eisenbahnwaggons vor, wurden sofort beladen und brachten ihre Fracht unmittelbar zur Front. Oft erhielt der Aufseher zwei bis drei Tage später die Bestätigung, daß keine Blindgänger produziert worden waren. Auf jeden Granatenkopf wurde eine Nummer gestempelt, so daß Fehlerquellen durch Sabotageakte schnell zu erkennen gewesen wären und zur Bestrafung geführt hätten.
Die größte Furcht hatten wir vor den häufigen Fliegeralarmen. Schutzbunker gab es keine, wir flüchteten in die kleinen, im Wald ausgehobenen abgestützten Erdhöhlen.
Das Mittagessen gab es auf Marken in der großen Wehrmachtkantine, meist Eintopfgerichte, von denen man stets einen Nachschlag bekommen konnte. Im Vorraum, wo wir unter Wasserhähnen unser Geschirr abwuschen, standen oft halbverhungerte Kriegsgefangene vieler Nationalitäten, bewacht von zwei Soldaten. Sie hielten ihre leeren Kochgeschirre in den Händen und sahen uns flehend an. Ihre Bewacher mußten barmherzige Menschen gewesen sein, weil sie wegblickten, sich selber einer Bestrafung aussetzend, wenn ein Arbeiter schnell und möglichst unauffällig seinen Essensrest in die Blechgefäße schüttete. Von da an ließ ich mir täglich einen Nachschlag geben, setzte mich damit ganz dicht an die Ausgangstür, stocherte in der Suppe herum, und wenn niemand in der Kantine zu mir herübersah, schlüpfte ich in den Vorraum und konnte eine gute Portion in die Behälter gießen. Aufgeregt hatte ich mich natürlich sehr dabei, denn wenn das einem fanatischen Nazi aufgefallen wäre, hätte man mich schwer be-

straft. Die Gefangenen mußten im Werksgelände harte Arbeit leisten.
Briefsendungen von und nach Königsberg und Friedland klappten jetzt besser, und ich begann Eingaben zu machen, mich aus meiner längst abgelaufenen Dienstverpflichtung zu entlassen. Vater versuchte als Bezirksinnungsmeister von Ost- und Westpreußen mich als Kriegsdienstlerin für die Herstellung von Wehrmachtspelzen anzufordern. Es war ein Trauerspiel: Mutter alleine in Friedland untergeschlüpft, Vater Sanitätsdienst in Königsberg und ich Munitionsarbeiterin bei Berlin.
Endlich, am 15. November 1944, klappte es, Vaters Eingabe wurde genehmigt, und auch die Bestätigung über meine abgelaufene Einsatzzeit traf ein. Ich erhielt einen Fahrtausweis für den 20.11. nach Friedland, Lebensmittel- und Seifenmarken.
Da faßte ich den kühnen Entschluß, mit meiner Dienstfahrkarte über Posen nach Friedland zu fahren, um wenigstens noch einmal meinen Horst zu sehen, der dort schwer verwundet in einem Lazarett lag. Ein Zuhause hatte er in Königsberg auch nicht mehr. Seine Mutter war an Krebs gestorben, sein Vater harrte als Dolmetscher an der Ostfront aus, die Wohnung war von Bomben zerstört.
Nach Posen war sein Onkel Fritz, Professor für Botanik, mit Tante Meta umgesiedelt worden. Sie würden wohl wissen, in welchem Lazarett ich Horst finden könnte? Alles verlief nach Plan. Die Zugkontrollen wußten oft selber nicht, auf welchen Routen Königsberg zu erreichen war, wo der Feind die Verbindungen unterbrochen hatte, und mokierten sich nicht über meinen Umweg. Onkel Fritz kannte Horsts Lazarettadresse, und dann stand ich plötzlich vor ihm, sprachlos. Wie lange hatten wir uns nicht gesehen, welche schmerzlichen Verluste hatten wir erlitten, und jetzt blieben nur zwei Stunden, uns an den Händen zu halten. Wir sprachen nicht viel. Horst war ma-

ger geworden, das linke Bein bis unters Knie amputiert, das rechte voller Minensplitter. – War das der Abschiedskuß für ewige Zeiten?
In Friedland hing ich, völlig aus der Bahn geworfen, antriebslos herum. Wo finde ich eine Berufsausbildung, was für Ziele sollte ich mir stecken? Nach ein paar Tagen holte uns Vater ab – in eine von Bekannten verlassene, uns zugewiesene Villa am Stadtwald in Juditten. Eine Pelznähmaschine hatte er irgendwoher aus den Trümmern bekommen, eine Näherin, die jetzt bei Verwandten in Cranz wohnte, meldete sich, und der Pelzbetrieb en miniature begann zu existieren. Sollte die schlimme Odyssee ein Ende haben? Alle in der Stadt erhofften einen Waffenstillstand, den Schluß des aussichtslosen Gemetzels.
Aus Gerhards Klasse waren alle Schüler bis auf einen gefallen. Von dessen Tod hörten wir dann im Januar. Lothar war bei der Marineinfantrie irgendwo im Einsatz. Tante Lotte hatte schon lange keine Nachricht. Der Bruder meiner Schulfreundin war vermißt, die Stadt ein Trümmerhaufen, und der Krieg tobte weiter. Manchmal wagten wir uns zu Fuß – Straßenbahnen fuhren nicht mehr – in die Stadt, um bei irgendeiner Dienststelle, die geöffnet war, einen Bezugsschein für ein Kleid oder ein Paar Schuhe zu bekommen oder mit Lebensmittelmarken eine kleine Essensration zu kaufen.
Dann erkrankte ich an einer Gehirnhautentzündung, mit 41 Grad Fieber, und die Russen standen vor Königsberg. Meine Eltern saßen verzweifelt an meinem Bett, da die Ärztin keine Medikamente hatte. Vater bat seinen Militärvorgesetzten, den Chefarzt des Lazarettes, um Hilfe für sein einziges Kind. Dieser hatte selbst eine siebzehnjährige Tochter, die er auch nicht aus der Stadt herausbringen konnte. Aus Mitleid mit meinem hoffnungslosen Vater schenkte er diesem sein letztes Tablettenröhrchen des neu erfundenen »Prontosil«, eines entzündungshemmenden

Medikaments. Das hatte mich gerettet; nach wenigen Tagen sank das Fieber, die Genickstarre ging zurück. Aber das Leben seiner Tochter konnte der Arzt wenig später nicht schützen. Als die Russen das Lazarett stürmten und das Mädchen vergewaltigen wollten, stellte er sich schützend vor sie und sagte: »Es ist doch noch ein Kind.« Der Russe nickte, stieß ihn vor die Tür und erschoß ihn. Seine Tochter zerrte er aus dem Behandlungszimmer in den Flur. Der Soldat und seine Kumpane vergewaltigten sie so lange, bis sie starb. Mein Vater stieg bei seinem Abtransport ins Gefangenenlager über den geschundenen Leichnam.

Am 24. Dezember 1944 saßen wir abends nach Vaters Dienstschluß um ein kleines ungeschmücktes Tannenbäumchen, das ich in Juditten abgeschnitten hatte. Wir zündeten unser einziges Wachslicht zum Gedenken an Gerhard an, hielten uns an den Händen und weinten.

Fluchtversuch aus Königsberg

Im Januar hörte Vater von einem Zug, der mit Frauen und Kindern über Braunsberg ins Reich abgehen sollte. Er benachrichtigte uns per Telefon, und wir trafen uns, nur den kleinen Luftschutzkoffer als Gepäck, auf dem Hauptbahnhof. Da stand, von Soldaten bewacht, ein leerer Zug, und Tausende von Menschen drängten sich auf dem Bahnsteig. Wir wußten nicht, ob wir einen Platz bekommen würden und zu welcher Zeit. Plötzlich erschienen ein paar Bahnbeamte, schlossen die Wagentüren auf, und die Menschenmasse kam in Bewegung, drängte und schob.

Wir befanden uns zufällig an einer Tür und wurden mitgerissen. Eingekeilt zwischen Menschenleibern fanden Mutter und ich uns im gleichen Waggon wieder. Durch zertrümmerte Fenster versuchten Frauen wenigstens ihre Kinder reinzuheben. Nichts ging mehr. In der Menge sah ich noch flüchtig Vater, der schmerzvoll zu lächeln schien. Ein alter Mann war zur Erde gestürzt und wurde zu Tode getreten.

Ohne Signal zu geben, rollte der Zug mit Menschentrauben an Fenstern und auf Trittbrettern aus der Bahnhofshalle. Zwei Tage verbrachten wir auf der Strecke, mehr haltend als fahrend. Niemand wußte wohin, was auf uns zukommt. Stand der Zug, wagte man kaum auszusteigen, um seine Notdurft zu verrichten. Jeden Moment konnte er wieder ein paar Kilometer weiterdampfen. Berichte mehrten sich von Greueltaten, Vergewaltigungen, Ertrunkenen im einbrechenden Eis des Haffes, Maschinengewehrsalven auf Flüchtlingstrecks.

Bei Braunsberg blieb der Zug endgültig stehen, die Lokomotive wurde abgekoppelt. Wehrmachtspatrouillen gingen durch die Abteile. Alte Männer, größere Jungen, Leichtverwundete wurden zur Verteidigung herausgeholt und mit einem Gewehr bewaffnet. Der Russe hatte einen Keil nach Elbing getrieben, die Bahnverbindung mit Berlin war unterbrochen.

Nichts zu essen, der Zug auf dem Bahngeleise ein markantes Angriffsziel für feindliche Tiefflieger, draußen 28–30 Grad Kälte, die in die ungeheizten Abteile kroch. Wer einigermaßen gut zu Fuß war, stieg aus, um in den verlassenen Bauernhäusern ein Nachtlager und etwas zu Essen zu finden. Orientieren konnte man sich auf den Landstraßen nicht, die Wegweiser waren von der Wehrmacht abmontiert worden, um den Feind in die Irre zu führen. Wir stolperten müde, hungrig und erschöpft durch die Nacht. Endlich blinkte in der Ferne ein kleines Licht. Es kam aus einem Gutshaus, in dem einige stecken-

gebliebene Trecks Station gemacht hatten. Die alte Gutsherrin und ihre Schwester wollten am nächsten Morgen als letzte ihr Heim mit einem schnellen Pferdeschlitten über das Haff, Richtung Danzig, verlassen.
Wir bekamen eine warme Suppe und zwei Betten mit unbezogenen roten Inlettfederkissen. Das Zimmer war lange nicht geheizt worden, wir froren und legten uns mit Mänteln, Hosen und Schuhen zum Schlafen nieder. Die Angst vor dem Morgen ließ uns nicht zur Ruhe kommen. – Einen warmen Malzkaffee und etwas Brot gab man uns am andern Tag, und wir versuchten irgendwo irgend etwas zu finden, was uns zurück nach Königsberg brächte. Hier mußten wir umkommen. Plötzlich entdeckten wir in der weißen Landschaft einen dunklen Punkt, der näher und näher kam. Ein Flüchtling, ein Russe, Freund oder Feind? Es war ein altes verwittertes Bäuerlein mit einem Pferd vor dem kleinen Frachtschlitten, zwei Strohsäcke darauf. Wir hielten ihn an und fragten, ob er uns ein Stückchen in Richtung Königsberg mitnehmen könnte? Er zögerte, bis Mutter ihm ein Päckchen Zigaretten schenkte.
Und so kamen wir bis ungefähr 10 km vor die Stadt. Wir schafften es, bis zur Dienststelle in Vaters Lazarett zu kommen. Diese Freude! Die Nachricht vom Durchbruch der Russen in Richtung Elbing hatte auch ihn erreicht; sie ließ einen die schrecklichsten Bilder ausmalen. Wir waren wieder beisammen und gingen in das Haus am Stadtwald.
In den nächsten Tagen zog Tante Lottchen mit Botho zu uns, ihre Wohnung in der Dinterstraße hatte einen Volltreffer bekommen. Vom Lazarett brachte Vater oft übrige Brote, seine Marmelade oder auch etwas Wurst mit. Manchmal entdeckten wir in der Stadt irgendwo ein geöffnetes Geschäft, das auf Lebensmittelkarten Nährmittel verkaufte.

Der Abschied

Königsberg, Mitte Februar 1945

Eiskalter Wintersturm jagte um das einsame Haus in Juditten. Er rüttelte an Türen und Fenstern, die mit dicken Eisblumen bedeckt waren. Es fror Stein und Bein in dieser Nacht mit 28 Grad minus, und das Heizmaterial war knapp.

Tante Lotte, Cousin Botho, zwölf Jahre alt, meine Mutter und ich, achtzehn Jahre alt, waren allein in der großen Villa, die von deren Besitzern und den Kleinkindern verlassen worden war und in die man uns als Totalfliegergeschädigte eingewiesen hatte. Viele Menschen waren geflüchtet, aber Erwachsene ohne Kleinkinder durften die Stadt ohne Bescheinigung nicht verlassen. Gauleiter Erich Koch, der sich selber aus der Stadt in Sicherheit gebracht hatte, gab weiterhin Durchhalteparolen und die Kampfaufforderung: »Bis zum letzten Mann und zur letzten Frau« über das Radio bekannt.

Unser Vater leistete am anderen Ende der Stadt Sanitätsdienst. Die Granaten der Russen, die den Stadtrand erreicht hatten, schlugen in der Innenstadt ein. Voller Angst und Verzweiflung erwarteten wir unseren Untergang.

Plötzlich schrillte in die beklommene Stille hinein das Telefon. Unser Tante Lottchen, die bis zum Vorabend im Postamt I Telefonverbindungen zwischen Berlin, der Frontstadt, den Truppenhauptquartieren hergestellt hatte und die von deutschen Soldaten abgelöst worden war, bekam einen Befehl übermittelt, der besagte, sie hätte sich sofort zum Industriehafen am Pregel zu begeben, wo sie Ausreisepapiere für sich und ihre Familie auf dem dort liegenden, vollbeladenen Munitionsdampfer erhalten würde. Der Dampfer sollte in anderthalb Stunden auslau-

fen, da er wegen des starken Beschusses der Stadt Königsberg hier nicht mehr entladen werden konnte.
Mein Gott, wie sollten wir diesen letzten gefährlichen Ausweg schaffen? Mindestens eine Stunde würde unser Fußmarsch bis dorthin dauern. Wir riefen sofort unseren Vater in seiner Dienststelle an; er brachte es fertig, mit unmenschlicher Kraft und Anstrengung, in einer halben Stunde durch die ganze Innenstadt zu uns zu hetzen.
In unsere kleinen Luftschutzkoffer warfen wir etwas Wäsche, Schuhe, ein Päckchen Nudeln, ein Stück Brot, Besteck und Ausweispapiere hinein, da wir als Folge der Luftangriffe sonst nichts mehr besaßen und auch nicht hätten tragen können. Aus unserem Pelzlager hatte Vater drei Katzeninnenpelzfutter gerettet. Die zogen wir über dreifache Unterwäsche, dicke Hosen, Hemden und Pullover, wickelten uns große Stücke Futterstoffe für Pelzwesten um Kopf und Schultern, rollten jeder eine Wolldecke zusammen und banden sie schräg über Schulter und Körper fest. Dann bepackten wir einen Kinderschlitten mit unseren Koffern, und unter Führung von Vater hasteten wir durch die Nacht zu den Hafenbecken, von denen wir keine Ahnung hatten, wo sie lagen und wie sie zu erreichen waren. Wenn bloß nicht die Reichsbahnbrücke über den Pregel zerstört ist – dann gäbe es keine Hoffnung mehr.
Die Nacht war sternenklar. Wir mußten die Wangen tüchtig reiben, damit sie nicht anfroren. Der Mond schien hell und ungerührt wie in den heilen Vorkriegstagen auf uns nieder. Und wie ein hilfloser Aufschrei tönte in dem Inferno das alte Lied in meinem Kopf:

»Guter Mond, du gehst so stille
in den Abendwolken hin,
bist so ruhig, und ich fühle,
daß ich ohne Ruhe bin.
Traurig folgen meine Blicke

deiner stillen heitren Bahn,
oh wie hart ist das Geschicke,
daß ich dir nicht folgen kann.«

Keuchend und verzweifelt erreichten wir die Oberlaak, die schon unter schwerem Beschuß lag. Wie gut, daß ich so unerfahren war und die tödliche Bedrohung nicht richtig erkannte. Plötzlich ein singendes, pfeifendes Geräusch über unseren Köpfen, Vater riß mich zu Boden, schrie nur immer »Deckung, Deckung, hinlegen« – und 100 m entfernt schlug die schwere Granate in die alten Markthallen ein. Wir hasteten vorwärts, uns hinwerfend, aufspringend, weiter . . . weiter. Nur noch einen Gedanken konnte ich fassen: »Vater, wenn es dich trifft, trifft es auch uns alle?« Vater log: »Natürlich, wir sind alle sofort tot und spüren gar nichts.«
Voll Vertrauen zogen wir gemeinsam den beladenen Schlitten, Botho und die beiden Frauen liefen weinend hinterher.
Die Reichsbahnbrücke war noch begehbar, aber wir hatten viel Zeit verloren. Kein Mensch, den man nach dem Weg hätte fragen können. Das Pregelwasser gurgelte dunkel und feindlich zwischen den Eisschollen der Fahrrinne. Wo, wo nur war das rettende Hafenbecken? Die Geschosse heulten über uns hinweg, schlugen manchmal in der Nähe ein. Der ganze Hafen lag unter Beschuß. Dann entdeckten wir am Kai des Industriehafens das Munitionsschiff. Es begann gerade abzulegen, als ein Matrose uns heranhasten sah. Die Besatzung ließ noch einmal das Fallreep hinunter. Eine kurze heftige Umarmung, ein letzter Kuß von Vater in die angstverzerrten Gesichter seiner Liebsten, dann riß uns die Besatzung an Bord des gefährlichen Dampfers, neben dem im Pregelwasser die Granaten dicht einschlugen.
Versteinert blieb Vater am Ufer zurück. Gab es ein Wieder-

sehen? Hinter ihm die detonierenden Geschosse, aufflakkernde Brände, Hausruinen, deren verkohlte Dachbalken der Schnee gnädig zugedeckt hatte. Und ganz im Hintergrund die Silhouette des ausgebrannten Schloßturms, von dem schon lange der Abendchoral der Turmbläser im Entsetzen des Krieges untergegangen war.
Der Abschied war endgültig.
Das Königsberg meiner Kindheit war ausgelöscht.
Laut dröhnend stampfte die Schiffsmaschine, übertönte das Aufheulen der herannahenden russischen Geschosse. – Die Eisschollen im Pregel bildeten fest zusammengefrorene Barrieren. Wir kamen kaum vorwärts. Würde uns die Fahrt über Pillau bis zur Ostsee gelingen?
Unsere Zukunft lag im Dunkel. Hielt »Gott Vater« seine schützenden Hände über uns, über all die Tausenden verzweifelten Menschen? »Laß uns nicht sterben!« schrie es in mir, und langsam erwachten aus meiner vollkommenen Hoffnungslosigkeit der Mut und der Wille zu überleben.

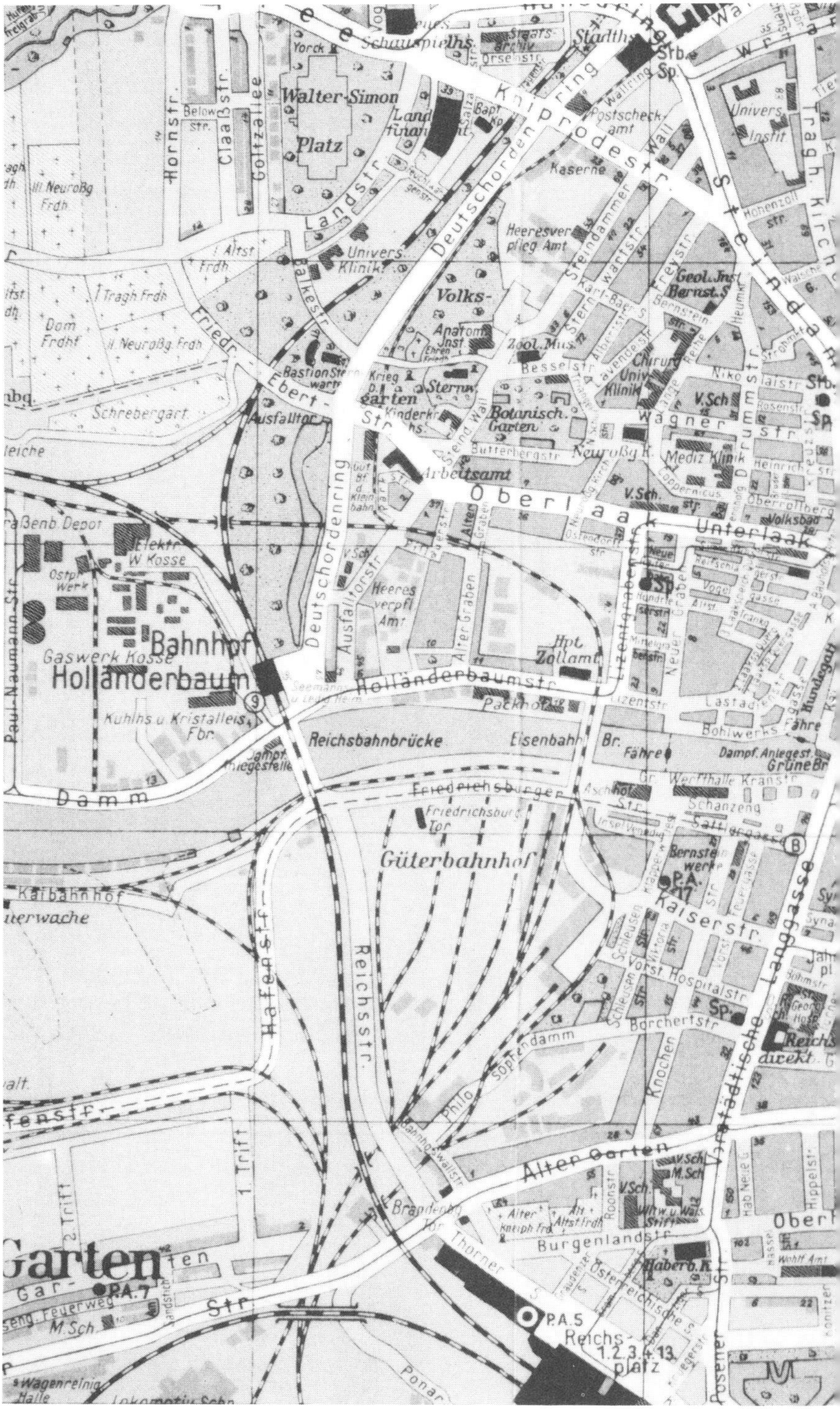

Schauspielhs.
Staatsarchiv
Stadthalle
Yorck
Walter-Simon
Platz
Landesfinanzamt
Bapt. Kp.
Postscheckamt
Hornstr.
Claaßstr.
Goltzallee
Below Str.
Landstr.
Kniprodestr.
Deutschordenring
Wallring
Kaserne
Univers. Instit.
Tragh. Kirchenstr.
Steindamm
Hohenzoll. str.
II. Neuroßg Frdh.
I. Altst. Frdh.
Univers. Klinik
Heeresverpfleg. Amt
Steindammer Wall
Geol. Inst.
Bernst. S.
I. Tragh. Frdh.
Dom Frdhf
II. Neuroßg. Frdh.
Friedr.-Ebert-Str.
Falkestr.
Volks-
garten
Anatom. Inst.
Zool. Mus.
Karl-Baer-Str.
Sternwartstr.
Freystr.
Bernsteinstr.
Chirurg. Univ. Klinik
Besselstr.
Lavendelstr.
Nikolaistr.
Bastion Sternwart
Krieg. D.
Sternwarte
Drummstr.
V. Sch.
Rosenstr.
Schrebergart.
Ausfalltor
Kinderkr. hs.
Botanisch. Garten
Wagnerstr.
Butterbergstr.
Neuroßg. K.
Mediz. Klinik
Heinrichstr.
Arbeitsamt
Oberlaak
Coppernicus str.
Oberrollberg
Volksbad
Straßenb. Depot
Elektr. W. Kosse
Unterlaak
Ostendorfstr.
Ostpr. werk
Alter Graben
Neue Sorge
Sp.
Heeres verpfl. Amt
Ausfallorstr.
Deutschordenring
Vogelgasse
Bahnhof Holländerbaum
Gaswerk Kosse
Hpt. Zollamt
Lizentgrabenstr.
Holländerbaumstr.
Seemanns u. Ledig. Heim
Packhof
Lizentstr.
Lastadie
Kuhlhs. u. Kristalleis. Fbr.
Reichsbahnbrücke
Eisenbahn Br.
Fähre
Bohlwerks Fähre
Dampf. Anlegest.
Grüne Br.
Dampf. Anlegestelle
Paul-Naumann-Str.
Damm
Friedrichsburger
Friedrichsburg Tor
Aschhof Str.
Schanzeng.
Gr. Werfthalle Kranstr.
Saltergasse
Güterbahnhof
Bernsteinwerk
P.A. 17
Kaibahnhof
Kaiserstr.
Langgasse
Hafenstr.
Reichsstr.
Schleusenstr.
Vorst. Hospitalstr.
Jahrmarktpl.
Sp.
Borchertstr.
Söfrendamm
Knochenstr.
Vorstädtische Langgasse
Reichsb. direkt.
Philosophendamm
Bahnhofswallstr.
Alter Garten
V. Sch.
M. Sch.
1. Trift
2. Trift
Brandenbg. Tor
Alter Kneiph. Frdh.
Alt. Altst. Frdh.
Roonstr.
Wtw. u. Wais. Stift
Hippelstr.
Burgenlandstr.
Haberb. K.
Oberh
Wohlf. Amt
Thorner
Garten
Gar-
P.A. 7
Feuerweg
M. Sch.
Str.
Österreichische Str.
Posener Str.
P.A. 5
Reichsplatz
1.2.3.4.13.
Ponar
Wagenreinig. Halle
Lokomotiv Sch.